大是文化

決定未來的晚八點

韓國網路書店 Yes24 暢銷排行榜

曾擔任 LG、微軟、迪士尼，
現任谷歌用戶體驗設計師
韓承憲 —— 著
郭佳樺 —— 譯

미래는 저녁 8시에 결정된다

決定你身價的，不是上班時間，
而是下班後的晚八點。
我如何把謀生必須做的事，
轉變成內心渴望做的事。

目次

Chapter 3

高效率的目標管理 89

推薦序

掌握未來的關鍵時刻

人生CEO私塾創辦、斜槓醫生、暢銷作家／小吳醫師

在這個變動迅速的時代，我們面臨著前所未有的挑戰和機遇。過去，人們可能在同一家公司工作數十年，直到退休。然而，現代職場已經發生了巨大的變化，裁員頻繁，不斷轉換工作成為常態。在這樣的背景下，**斜槓與經營副業成了許多人尋求職業穩定性的重要選擇**。

第一次拿到本書時，便被內容深深吸引。本書講述了作者如何從韓國前往美國，從員工到斜槓寫作，並跳槽到迪士尼，甚至經營 Airbnb 成為房東的經歷。這一系列身分轉換和副業探索，展示了現代職場的多樣性，更讓人看到未來職業可能性的無限寬廣。

身為斜槓醫生，我對書中描寫的身分轉換和多重職業探索有著深刻共鳴。我是從醫療領域出發，後來斜槓進入網路行銷教練，協助投資老師進行課程設計與行銷，也因此成為了出版書籍的作者。在這個過程中，我體驗到斜槓生活的酸甜苦辣，這些經驗在本書中得到了淋漓盡致的展現。

很多人在嘗試斜槓或副業時，誤以為必須找到能夠立即賺大錢的方向，並渴望一步到位。然而，現實卻告訴我們，真正的成功並非一蹴而就。書中一開始便明確指出，我們應該先依靠本業維持生活，利用空餘時間逐步探索自己感興趣的領域，這樣就不會給自己過大的壓力，也能輕鬆自如的進行轉換。

作者強調，**我們不應該依賴單純的意志力，而是需要制定清晰的計畫**，並且持之以恆。每天利用下班後的一、兩個小時，逐漸養成學習和執行的習慣，將這些行為變成自然反射，這才是達成斜槓副業成功的真正關鍵。這種踏實而有計畫的進步方式，正是許多人夢寐以求的成功路徑。

此外，本書還提供選擇副業過程中的寶貴建議，涵蓋了如何尋找適合自己的副業、如何提高成功率等實用技巧。這些建議不僅讓人讀來豁然開朗，更重要的是，具有極高的可操作性，能夠真正付諸行動，逐步實現斜槓夢想。

我誠摯的推薦本書給每一位正在思考未來、希望開展斜槓或副業的讀者。無論你是想要擺脫朝九晚五的束縛，還是尋找一條更靈活的職業道路，本書都將成為你的最佳指南。

前言
下班後的生活，決定未來人生

每個物種都有一套體會世界的方法。狗用靈敏的嗅覺探索環境，海豚則用超音波做回聲定位。當鳥兒在天空飛翔時，則以異於其他動物的高度看世界。牠們所體會的世界都是不同的。

人類也是如此。即使同住在三維空間，用相似的感官感受，每個人的世界依然不盡相同。遇到的人、居住的地方、成長的環境、所做的工作等，許多因素形成了你的主體性，使你成為一個人。從這個角度來說，我們就像上面提到的動物一樣，都有自己獨特的世界，且每天都在努力創造著。

大多數人每天花八小時以上工作，因此，工作影響著每個人獨特世界的形成。雖然人際關係與環境也會影響我們，但**對我們影響最大的，是我們把時間花在哪些事上。**

自我的世界變得越來越重要，**世人對成功的定義也做了許多改變**。過去的成功是獲得公司或政府機關崇高地位及相對應的權力，而現在，世代更重視健康、幸福的生活。

本書講的是如何找到屬於自己的世界。我想帶你踏上一段旅程，找出你喜歡什麼、什麼能讓你快樂。

每個人獨特的世界都是由自己的選擇創造出來的，而那個選擇很有可能就是「自己喜歡的」。但事實上，**只做自己喜歡的事是很難活下去的。即使你以此謀生，一旦它成為你的主要工作，繼續喜歡它並不容易**。所以我找到了一種方法來平衡我的日常工作和我喜歡做的事。我以主要工作為基礎打造生活，然後在此基礎上打造我喜歡的工作。透過這個方法，我能夠體認自己是個什麼樣的人，也讓我的世界變得更堅實。

每天晚上八點，我都會從事我想做的副業。這些副業中，有的成功，有的被放棄，但可以肯定的是，如果沒有這段時光，我會是一個和現在完全不同的人。因為那些時光改變了我的人生方向，亦創造了我的未來。我想透過本書，分享我在這個過程中學到的訣竅。

第一章想談談為什麼我們要主導人生。所有人都是自己人生的主角，希望大家都能活得像主角而非配角。

第二章分享藉由副業改變人生的各種經驗。本章將介紹我在韓國一邊上班一邊準備美國留學的故事、靠Airbnb（編按：出租住宿民宿的網站，提供短期出租房屋或房間，讓旅行者發掘和預訂世界各地的獨特房源）創造副業收入等，以及在過程中經歷的挫折、喜悅與克服低潮的祕訣。

第三章講述為了進行副業，該如何建立固定作息。同時，也將告訴你谷歌（Google）也在使用的OKR（編按：Objective Key Result，目標關鍵成果）工作法，如何套用於日常生活，訂定目標，並且有系統性的管理。

第四章則談論怎麼讓副業變成習慣，長久進行下去。

- 你有好好運用下班後的時間嗎？
- 是否想改變每天一成不變的人生方向？
- 你希望你的生活能做想做或喜歡的事嗎？

透過這本書，你將能夠在該做的事和喜歡做的事之間找到平衡，並學會如何將生活引導到想要的方向上。在寫作時，我試著講述一個貼近現實的故事，而不是充滿夢想和希望的理想主義故事。在接受我們有限的條件和現實的同時，也為改變未來做努力。

Chapter 1

身價怎麼決定？你如何利用下班時間

優秀的人很早就找到自己想做的事，並努力不懈。他們克服各類困境，為了成為某領域的佼佼者而埋頭奮鬥。

有些人將這樣的生活比喻為奴隸。我覺得其批判視角太過狹隘。做想做的事、覺得有趣的事，不僅要創造收入，還要維持生計，在現實生活並不容易。因此，我建議**先靠本業維持生活基礎，其餘時間再做自己想做的事。**如此一來，不一定得靠想做的事賺錢，即使失敗了，受到的打擊也不大，反而更自由、更滿足。除非你從小就脫穎而出，長大後被稱為天才，否則大多數人都是成為職場的一分子，在社會中成長，並在自己所屬的領域取得成就。並不是每個人都需要成為超級巨星。你所要做的，就是讓你的生活充滿你自己的色彩和方式。

大人經常問小孩：「長大後要做什麼？」雖然有些孩子實現了他們的夢想，但大多數孩子的夢想都只是停留在想像階段，因為他們還沒有足夠的經驗。不過，在童年時期，孩子們就應該這樣去夢想。

如同孩童時期的夢想大都不會變成現實，光用想的很難找出自己想做的事。若要尋找自己的優點和感興趣的事，就必須親自體驗。在嘗試和失敗中感受趣味和成就感，便能更了解自己。過程中也許會出乎意料，發現起初討厭的事其實很適合自身，本以為喜歡的事並沒有那麼適合。也可能一開始不熱衷，認真去做了以後越做越好，反倒就此愛上。

我認為，大部分上班族應該都經歷過這個過程。即使選擇的職業可能與期待有所落差，但當能力提升、有了興趣，就能靠這項工作維持生計。

除了本業之外，我們的內心深處可能還隱藏著其他想做的事。各位可以想想，假如今天我不做這項工作，而是做真正想做的事會怎樣？

有些人渴望將大自然的美盡收鏡頭裡，有些人希望花更多時間在旅行上，有些人想和家人度過幸福快樂的時光，而有些人則打算練習英文……。

無論你想做什麼，書中寫了一些方法，能幫你把那件事積極的帶進人生。別只是眼巴巴看著想做的事卻不行動，伸出手才能摘到甜美果實。只要在每天工作以外時間，做自己想做的事就好，擁有一段不受干擾的時間，清晨或傍晚都沒關係。每天固定花一段時間持續做自己想做的事！那麼，它將會與你的未來保持更緊密的關係。

如果你一有時間就練習拍照，你就能拍出讓自己滿意、得到別人認可的照片。如果你因為想取得更多成就而在工作時間之外加班，你會比其他人更快升遷。如果你每天都享受運動、鍛鍊身體，那麼你的未來將有健康相伴。

只要持續努力，投入時間，一定會有收穫。有意識的選擇和運用時間，這才是真正掌握自己人生的方法。

化想法為行動

要是你不喜歡現在的工作，與其自怨自艾，不如承認現實，並選擇你能做的事。如此一來，也能朝向自己想要的方向前進，生活就不會充滿不想做的事。假如你的本業可以幫助你在一條平坦的道路上奔跑，那麼你就可以自己決定副業該往什麼方向走。

當被問到「你喜歡什麼？」我們通常會說，得多方嘗試才知道。當然，這亦有助於尋找喜愛的事物，不過我的想法不太一樣。如果嘴上說喜歡某樣東西，卻未曾付諸行動，是真的喜歡嗎？若是真的喜歡，不管用什麼方式，都會想辦法辦到，不是嗎？

如果希望找到熱衷的事物，與其進行沒有答案的探索、花時間煩惱，我建議你不妨回顧自己的過往。在那些時光裡，必定有一、兩件你愛的事物。雖然你未曾放在心上，但仍可以試著回想以前做過的所有事中，有沒有讓你忘記時間流逝的？當你想像自己做出一番成果時，有沒有覺得心情激動？

大學時，我參加了和主修無關的社團，才第一次開始製作海報。將資訊結構化，並用修圖軟體（Photoshop）將其視覺化呈現的過程，令我覺得十分有趣。有時，我會把海報貼在校園各處，不是受人指使，也不是為了什麼好處，而是我完全沉浸在其中，自發去做的。

社團朋友經常稱讚我設計的海報，也會問我是怎麼做出來的。每當我回想起，我是經歷一番奮戰受挫後，才決定出版面和字體，便感到頗為得意。直到在做這份工作時，我才意識到我對設計感興趣。假設我只是坐在書桌前苦思「我喜歡設計嗎？」就絕對不可能領悟這件事。**想知道自己喜歡什麼，就得化想法為行動**。各位必須親身體驗，去感受這件事適不適合自己、做這件事時有什麼感覺、能不能持續下去……。

雖然，做海報的經驗最終並未成為我當設計師的決定性契機，卻讓我明白，喜歡什麼、希望做什麼，並且對選擇未來職涯產生許多影響。要是我沒參與設計海報的活動，很有可能會選擇和主修的工業工程相關的工作。

拓展支線，追求自身興趣或感興趣的領域，將有助於決定職涯或未來方向。

如果你享受某件事，且樂此不疲，它將能扮演指揮未來的角色。

試著回想，然後探索自己究竟想要什麼！也許不需要新事物，答案已經在你心中，只是它仍是不起眼的小種子。要找到那顆種子，並讓它開花結果，只能持續給予名為「行動」的養分。不做不知道，體驗過了才會明白究竟喜歡與否。

1 我在美國微軟學到的事

初到微軟（Microsoft）時，我非常不適應。用英文交流雖然沒有太大問題，但我不太知道要如何說服對方，讓事情朝著我想要的方向走。**用英文日常溝通，和用英文正確傳達意思**，並讓其他人一起參與專案，**這是兩種完全不同的能力**。

現在回想起來，剛開始在美國工作時，因陌生的環境、語言，並擔心來自不同文化圈的工作習慣，會讓同事感到奇怪，所以我很沒有自信。

我是先在韓國工作一陣子後才去美國，因而養成韓國工作方式。在韓國，會不會做事的標準在於「說一也能做到十，事情處理得乾淨俐落」。但在美國，除了完成任務，主動參與討論和提出建議也是很重要的。

當時我並不明白其中的差異，只是維持原本的工作態度，心想如果上面交辦事務給我，我要認真做好。不過，我的主管並沒有給予指示，他只是問我：「你想做什麼？」

美國的主管並不會指派員工工作，他的角色是幫助底下的人好好完成專案。職員要主動向主管提出具體、明確的意見，或尋求幫助，例如，「隔壁組不願協助我的案子，所以出了點問題，你可以幫忙協調一下嗎？」

這時主管才會協助你做些事情。如果單純抱持「對方應該會交辦工作給我」的心態在美國工作，會很難和他人有效溝通，且給人一種消極印象。

在我還未弄清楚美、韓之間的工作環境差異，我的主管在我剛進公司的兩週後，就轉到其他組。原本應該幫助我在公司內發展的主管職位空了下來。我不知道現在要做些什麼，就算做了，也沒有對象可報告，令我茫然不知所措。

雪上加霜的是，兩週後，我主管的主管也離職了。這下子，不僅沒有可報告工作進度的人，就連要負責處理後續問題的人也跟著消失。此時的我就像韓國俗諺所說的「洛東江上的一顆鴨蛋」般孤立無援，不知何去何從。一個進公司不到一個月的新人，要獨自在大企業這個叢林裡安營紮寨，本就不可能。當時，我還處於不適應美國工作環境的狀態，根本難以判斷什麼是對的，什麼是錯的。

回想起來，那時的我怎麼能傻傻的乾坐在那？應該隨便抓一個人來詢問「我可以找誰解決這個問題？」但在那個當下，我只期待上面的人趕快告訴我該怎麼行動。

人生方向盤該握在自己手裡

深思熟慮過後，我向總監（Director）預約了面談。不僅是為了解決這件事，我也想獲得有關如何在美國發展我的職業生涯的建議。他問我：「如果能轉任到微軟裡的任何一個單位，你想跳到哪個單位？」

聽到這問題時，我愣住了。這是我以前從來沒有想過的。我一直認為，安排員工到哪個單位是主管的職責，我只要遵從決定就好。

我沒有具體想要的東西，只希望總監可以親自帶領我。但接下來，他向不知所措的我說道：

「你自己都沒有想去的地方，沒有想成長的具體樣貌，我該如何幫助你？你坐在職涯之船的副駕駛座上，卻跟船長說：『一起去個好地方吧！』就什麼都不管，只想玩得開心。但該握住職涯方向盤的是你自己才對，你還要坐在副駕駛座上被其他人牽著走到什麼時候？」

這不是書或電影裡才會出現的臺詞嗎？「命運是掌握在自己手中」，這句話聽起來可能平凡無奇，但若把它和現實狀況結合在一起，就不再只是書上的一句話，會變成震撼人生的重要轉捩點。

面談結束後，我心想「原來手握自己職涯方向盤，和沒有握住的人是天差地別」。自那一刻起，我從「要為公司奉獻一生」，轉變成「為了自己的人生目標，要好好利用公司資源」。我要設定目標，並利用公司達成，若公司是推動自身職涯的引擎，那麼掌握方向、決定何去何從的就是我自己。

現在的我仍時刻謹記當時總監的那番話：「你應該坐在駕駛座上。」進入公司並不是最終目的，「為什麼」想進去才更重要，比起到哪個單位，更重要的是，該單位對自己的成長「有何助力」。

進入微軟本身不是目的，必須了解它將對我的人生產生什麼樣的幫助。不要只是單看一個目標，而是思考其對人生產生哪些助益。

和總監面談過後，我的生活開始有了變化。除了待在公司之外，我開始投資時間給自己的人生。

把船開往想要的方向的責任在自己，然而這艘船不可能總是風平浪靜的前進，也許會碰上狂風、暴雨、日出、順風。重要的是，你要如何利用或克服外在環境，才能讓船繼續朝著目的地前進。

如果你抱持這艘船最終一定能停泊在自己想要去的地方的希望，持續累積下去，日後一定能像銀行複利效應般，滾出更多回報，不再過著微不足道的生活。

2

現在怎麼活，決定未來怎麼過

「是環境讓我變成這樣！」
「朋友逼我不得不這麼做！」
「因為遇到不好的老師，所以我才會變得如此！」

很多人習慣在出現問題時先責備他人。雖然這些話也不算有錯，因為人難免會受到外在環境影響。人常說，只要足夠努力就能成功，但這話說得過於輕鬆簡單。有些事付出心力便能成功，不過，有些則是無論再怎麼努力也無法達成。

我個人不太喜歡把「你就是不努力，所以才會失敗」套在所有事物上。凡事都要考慮到各個層面，很少有只用一個原因就能解釋一切的。

環境、親友、居住地、自身努力……都會影響到自身目前的狀態，雖然我並不認同「只要努力，任何事都能成功」，但我更不同意「之所以會變得如此，全都是因為環境造成」。如果要討論為什麼會變成現在這樣，可能有數萬個理由，而人們卻想用其中的一、兩種簡單闡述。

價值觀不同，人生方向也會不同，例如，我要賺更多錢、我要成為優秀設計師、我要在公司備受認可等。決定好人生大目標後，就得想想該如何奠定基礎。說到底，新方向還是由那些日常瑣事所創造。假如你沒有想法，只是順其自然的一天過一天，將會失去生命的意義。

日常生活中，無時無刻都在抉擇。工作結束或下班後，可以做的事的範圍非常廣，例如，看電視、執行個人專案、和朋友見面等。你也可以打開 YouTube，將自己的時間交給演算法。

日常的大小抉擇造就了「我」，而這可分成有意識和無意識的選擇。我們做的所有行為看似都是我們自己的選擇，但實際上並不是。例如，下班後出於習慣而打開電視與睡前看電視，以及出於必要而看一段時間的電視（例如，給疲憊的大腦充電）是有區別的。

只要有個大致目標，累積越多選擇的經驗，自我的認同感會逐漸變得堅定。手中的力量將越來越強大，便能引領船隻走向想要的方向。在日常生活中的每一瞬間，做出抉擇時，你將能說出：「啊，原來我往這裡走了啊！」

必須將瑣碎的選擇和目標排出順序，即使今天的一步和明天的一步並無明顯成效，日後一定也能感受自己離想要的事物越來越近。

試想，自己是否直接掌握日常生活，並朝著目標方向前進？或者是屈服於自發性的情緒或懶散，一直被帶往其他地方？

如果不思考怎麼過日子，內心想法就會被生活牽著走。倘若你已嘗試讓生活朝著自己想要的方向走，那麼再也沒有什麼所謂「微不足道的日常」了。邁出的一步雖小，但都是朝目的地走去的證據。

現在的樣貌是過去的總和

我現在的樣貌，是過去幾年間慢慢累積的日常成果。二〇一二年我抱著重新開始的心態前往美國，最開始兩年我為了取得碩士學位付出許多心力，努力適應新文化和語言，最後我順利入職微軟，因為他們覺得我在大學時做過的兩年專案很有價值，所以決定予以聘用。

在微軟待了三年半後，我跳槽到迪士尼（The Walt Disney Company）。後者看中的，是我在微軟三年半來所做的專案，至於畢業於什麼大學、大學做過專案的履歷，完全沒有派上用場。

曾助我進入微軟的那些學校專案，為何對就職迪士尼沒有用處？原因很簡單，因為**過去兩、三年你怎麼過日子，決定了你的未來**，而那些專案早已過了有效期限。「我的生涯由我主導」的想法完全在腦海和心裡根深柢固。之後，在迪士尼執行過的專案又成了養分，讓我能轉職到現今的谷歌。

我並沒有「未來十年要當上谷歌副總經理」之類的遠大目標，而是只有決定大方向後，照計畫行動的心態。我確信，當我多年來的所有努力匯集在一起時，我將創造一個新的自己。因此，我更加珍惜日常，不希望浪費掉這些時間。你的時間是否有朝著想要的方向流逝？還是在原地靜止不動？

這裡所說的「想要的方向」絕不侷限於財富和成功，但一定是你透過問自己「追求的是什麼？」後，才得到的答案。這麼說也許有些抽象，但我希望各位可以思考一下人生目標，例如，我想成為擁有多樣化經歷的人、我想培養特殊興趣、我想幫助弱勢、我想成為在任何人面前都理直氣壯的人。

是想讓自己的目標和生活維持同步，還是過著平凡的日常，取決於個人選擇。這並不是說你必須取得非凡的成就，或是每分每秒都要過得有意義。

但如果生活中充滿了規畫自己事業的喜悅，且充滿了小成就的回報，以及知道自己的生活正一點一點變好，生活豈不是更豐富？在領悟到「我是這樣的人」後，一項項的充盈它，你將能夠提高你對生活的滿意度。

3 身價怎麼決定？光努力達不到

無論是小孩或老人，有錢或沒錢，住在地球上哪一區，都公平擁有一天二十四小時、一年三百六十五天。不過，如何把時間利用的有價值，每個人的做法都不同。有些人在二十四小時內可以賺十萬韓元（編按：約新臺幣兩千五百元，全書韓元兌新臺幣之匯率，皆以臺灣銀行二〇二四年十一月公告均價〇・〇二五元為準），有些人則是一千萬韓元，這或許取決於個人能力，也可能來自於如何運用時間。

首先，一起來想想時間的定義。大家都知道「時間就是金錢」，但讓我們把它改成：「時間就是一切。」

我們用金錢換取物品，而物品是怎麼製造出來的？舉例來說，在店家買了十萬韓元的衣服。這個價格包含布料、設計師的薪水、裁縫機的機器成本等。再更細分一點，機器成本中還有設計及製作機器的師傅薪水。

實際上，「成本」就是購買他人時間的概念。衣服定價多少，考慮的是設計師設計的時間、縫紉師製作的時間，以及運輸過程中物流業者的時間等。如果不購買衣服，而是自己製作，也許可以省下一些錢。

然而，每個人時間皆有限。假如你是第一次做衣服，可能會耗費一週以上的時間，因此才會交給手藝熟練、能在一天內完成的人做。當眾人都能做各自擅長的事，且更有效的運用時間，自然就達到分工合作的經濟模式。

「所有人擁有一樣的時間」很公平，而「每個人的時間價值各異」卻是不公的事實。

以知名服飾設計師和實習設計師為例，前者每小時賺二十萬韓元，他設計的衣服非常暢銷，能創造出比時薪更高的價值；後者則是每小時只賺一萬韓元，且衣服銷量不佳，僅能勉強打平他的時薪。換句話說，自己能創造多少價值，決定了時間的價值。

沒人會說上述情況不公平。知名設計師也熬過實習階段，後來取得眾多成功經驗，時薪才能翻倍跳。也就是說，**在既定時間內能創造多少價值，決定了你的身價。**

時間和金錢常與動詞「使用」、「愛惜」、「花費」搭配，而這兩者有一個共同點：限制性。在有限時間裡，有人成果平平，有人則創造出數百億韓元，端看個人如何運用。

我並不是說因為金錢很重要，所以必須學會管理時間。時間帶給我們比金錢更珍貴的東西。與親人共度的時光，以及努力通過考試時的成就感，比金錢更有價值。

最後，生活的幸福取決於「你如何有價值的利用時間」。因為有價值的時間可以帶來比金錢更重要的東西，例如成就感、樂趣和快樂。

4 該做的事與想做的事

你曾經思考過自己時間的價值嗎？這個問題確實很難回答。我們總想充分利用每一天，甚至連睡覺時間都覺得可惜，但這真的是最好的生活方式嗎？

拋開對錯不談，讓我們想想自己創造了多少令人滿意的價值。如果你是自營業者，你的時間可能被別人需要；如果你是上班族，時間則是由公司買走，也就是所謂的「就業」，約定將未來每天八小時交給公司。

在公司，工作時間是固定的，但個人時間卻難以預測，不像一加一等於二般簡單。就像無法保證「每天下班後投資兩小時在副業上，一個月後必定能創造出一百萬韓元的獲利」，我們可能達標，也可能失敗，只能抱持希望埋首努力。

雖然不是每個月都有收入，甚至由於準備成本，最終可能會出現負收入，但如果你持續投入時間，你可能可以賺取一千萬韓元的收入，而不是一百萬韓元。沒有人知道要投入多少時間才能讓時間更有價值。這完全是長期賭注。

就如同沒人知道如果要通過律師考試，成為真正律師必須念幾小時的書，可能是兩年，也許花十年仍名落孫山。想說一口流利英文也是如此。

無論是念書、能力還是人際關係，人生大事絕不可能一步登天。不可能總是按照計畫走，時間價值高低同樣也無法隨心所欲調整。我們能做的只有相信自己能做到，並持續投資時間。

當下個階段的利害關係人認同你，你就會明白「原來我的時間很值錢」。做出一番成果後，當同事或主管說「你應該可以做更有意義的事」時，你的時間價值自然就提升了。若沒人願意出錢買，即便是自己再怎麼喊「我的時間價值是十萬韓元」，也一點用處都沒有。

無論是在公司或個人創造的時間，為了提升價值，必須持之以恆，就算不想做也得繼續做下去。但如果過程中能感受到趣味，那就再好不過了。

每天兩小時的力量

時間對任何人都是公平的，但你可以決定從這段時間中獲得什麼。想得到什麼，人人都有不同標準。例如，希望提高年薪，但和朋友相聚的時間、興趣、旅行等，對提高年薪並不會產生及時的效果。那是否就表示這些時間在生活中是不必要的？

不是的。你只需要維持「該做的事」和「想做的事」之間的平衡。如果你處在一個可以花更多時間做你想做的事的環境中，可以說你已經達到第一階段的幸福。所以，我認為，為了建立一個這樣的環境，你應該要珍惜時間。

人們一天大概工作八小時，假設就連這段時間都能做自己喜歡的事，世上再也沒有比這更幸福的了。即便做不到，若下班後的時間，可以用想做的事來填滿的話，生活也會更加豐富。

想做的事並非要有實際效益，也不一定要能餬口，和收入無關也無妨。如果你想做的就是看電視和玩遊戲，那也沒關係，你的未來將有輕鬆相伴。或每天晚上花時間和孩子一起度過，你就能創造一個和諧的家庭。假設你每天晚上都在研究旅遊，相信你很快就會去旅行。重要的是，要靠自身意願，選擇要在那段時間做些什麼。

如果你每晚投入兩小時做副業，無論大小，在未來一定能有所成果。當想做的事深入日常生活中，有天你會聽到別人說：「那個人真的很擅長做這件事。」只要我喜歡，腦海裡會留下更深印象、聽得比任何人更清楚、眼睛睜得更大，心態也會大不同。除了每天花八小時（在職場）之外，事實上很難向別人說明自己是什麼樣的人。如果自己可以選擇一件事，每天花兩至三小時去執行，未來那件事一定能在你的生命裡占有一席之地。

「什麼是美好人生？」關於這個問題，每個人都有不同答案，對我而言，美好人生的定義是，可以隨時隨地自由的做自己想做的事情。如果想去旅行，能說走就走；如果對皮革工藝有興趣，能馬上投入。

製造一個藉由該做的事來獲得經濟支援，然後專注於想做的事的環境！提高自身時間價值，等經濟條件逐漸寬裕後，就能做你有興趣的事。

時間不停流逝，未來正在來臨。如果是你，你會想打造一個有喜歡的事相伴的未來，還是想停留在現在的狀態？機會在等你，行動與否也取決於你。

5 學習沒門檻，取決個人意志

一般學校教育是經由小學、國中、高中，再到大學畢業，之後可以選擇是否繼續進修碩士或博士課程。高中為止的課程是基本知識，碩士則是學習近幾年發現的知識，同時學會予以運用。博士則是擴展已知的知識，並透過自身研究貢獻學術成果。完成博士課程後，大都能以「專家頭銜」闖蕩社會。

以前靠一張大學文憑便能輕鬆就業，然而現在卻開始重視學歷以外的其他部分。「大學招牌」的重要性逐漸降低，就讀所謂名門大學卻中途退學，可能還比畢業生看起來更加獨特。因為人們會想，他們一定是很想做自己喜歡的事，且非常相信一定能做到，才會甘願放棄拚盡全力考上的大學，高度評價其執行能力。

企業徵人時，通常不會問：「你畢業於哪所大學？」而是要求對方拿出設計作品集。以前從畢業的學校可以推測出「這個人應該學了很多高階知識」，但現在則是藉由作品集了解該名應徵者如何運用知識。學習知識固然重要，不過如今更看重如何執行和運用這些知識。

過去，一般人難以接觸到的大學知識，現今人人能自行運用。從影片編輯到鋼琴演奏，只要在網路上搜尋，就能找到系統性的課程設計和內容。例如，在Master Class線上學習平臺有世界知名大廚戈登・拉姆齊（Gordon James Ramsay）教你做菜、有大提琴家馬友友教你音樂等。此外，包括論文在內的深入報告和知識，都可以在Google學術搜尋上找到。

知識已經平等化，如今是最適合學習的時代。「上學才能學習知識」的主張早已不符合時代潮流，就算不去學校，一樣能學到所有知識和技術，甚至可以集中學習自己不足的部分。想想現在自己需要的是什麼，並發揮好奇心探索！

學校的功能與其說是學習知識，倒不如說它教的是學習知識的方法。如果能在這裡學到新的事物，並將其內化成自己的東西，那將變成現代最有價值且最有用的資產。

至今為止，我所有知識幾乎都是靠自己學來的。我大學念的是工科，現在則在累積設計師的資歷。雖然我不太會畫畫，但我有額外學習設計相關知識。若有不足之處，我會努力鑽研，覺得需要新技術或新知識時，也會馬上跑去學。只要是自己感興趣的，都想將能力培養到初階以上。

我自學吉他已到近乎專業的水準。大學畢業後，我又自學視覺設計和動態設計，現在成了技術純熟的ＵＸ設計師（編按：User Experience Designer，即使用者體驗設計師，負責設計網站或App每個流程互動，確保網站符合使用者需求與習慣）。不僅如此，我還在網路上學製作家具、皮革產品的方法，還成功推出品牌。為了設計作品集，我甚至學會製作網頁和程式設計，也成功架設作品集網站，後來更以此成為自由接案的工作者。

然而在這個過程中，我學到最有價值的技術並不是各領域的專業知識，而是樹立學習計畫、逐漸熟練的能力。現在的我變成一個無論什麼領域，只要有想學的就能去學的人。

對於那些有很多想做、想學的東西，卻無法化為行動的人，在此我介紹一下自己在進行副業時，所領悟到的「將猶豫拋諸腦後，學習新事物的方法」。

1. 好奇心最重要

讀到現在，你的心裡有沒有蠢蠢欲動？有沒有想馬上花時間學習的東西？若沒有，我希望你也不要勉強擠出想法，因為若無好奇心或興趣，通常不出一個月就堅持不下去。

當我開始做某件新事物時，都會感到興奮，就像初次約會一樣緊張。當然，並非所有過程都很順利，所以，有時我會想：「我為何要學這件事？」不過，在想到已花費的努力和時間，就不會輕易放棄。然而，要是你勉強擠出一個動機，便很難持續。

我們應該渴望學習而不是單靠外在動機，並且在做的過程中感到滿足。完成後一直到睡覺前，你將會覺得「今天很有趣」，而非「今天好累、好辛苦」。

2. 利用 YouTube 的免費影片

日常生活中必要的知識大都是公開的。只要利用 YouTube 和檢索視窗就能找到如何設計程式，甚至是換水龍頭的教學。

我也是靠 YouTube 學習，這和去補習班按表操課相比，最大的優點之一是可以從自己好奇的、想知道的部分學起。換句話說，能密集學到自身感興趣的事物。當有一天你需要或是想有系統學習時，再深入也不遲。

我看過許多人想按部就班從一學到十，結果被龐大的課程量壓垮，最後果斷放棄。一開始必須得有趣，先把精力放在自己好奇、想學的、有興趣的，學習本身將成為偌大的喜悅。

3. 達到某種水準後，再報名付費課程

脫離新手階段後，大都有兩種想法，一是想繼續學，二是不想學了。要是你屬於前者，到那時再付費報名線上或實體課程也不遲。付了錢就會想「既然都『課金』了，至少得學回本」，給自己多一點壓力，就算想偷懶，也會重新下定決心。如此一來，不僅課程品質提升，我們也能用更有效率的方式學習。

只要動手搜尋，皆能免費取得大部分資訊，然而脫離新手入門階段後，往往不太清楚最需要的究竟為何。如果不知道具體要學什麼、重點在哪裡，就沒有太大意義。反之，付費課程大部分會提供課綱，學習者能按部就班從頭學到尾。

4. 不要只是照做，而是親身思考

線上課程的盲點在於，容易毫無想法的跟著做。線上課程的講師並不了解學

習者本身的能力，因此，聽線上課程時，必須考量為什麼要聽這堂課、這堂課能否解決疑問等，再開始學習。實作也是，必須思考可以將技術應用在哪些地方。為了讓自己日後能有效套用，事先預想這些問題相當重要。

如果不事先預想，只是跟著照做，很容易一下就忘了。就像跟團旅行時，跟著導遊參觀知名景點一樣，回去後通常記不得，親自花時間和辛苦找到的景點，反而才會讓人印象深刻。**思索的過程，是將學習內容完全變成自己的第一步。**

值得注意的是，不必全部聽完冗長的課程。影片時間越長，乍看之下好像可以得到更多知識，但其實短課程或許更令人有記憶點。投資太多時間在觀看網路課程，反倒什麼也記不得。

5. 實際使用學習內容

倘若不實際運用所學，那些知識就變得一點用也沒有。如果沒有經歷過使用學習內容後失敗的經驗，那些東西就不可能真正變成自己的。

策劃專案，自己做看看！做著做著，很快就會顯露出哪些地方有所不足，需要再次深入學習，或是重新把學過的內容找出來複習。一旦發現自己不懂的部分，就會產生越來越多解決問題的訣竅。

講師說「這個很重要，大家一定要學起來」和因「我不知道這個到底該怎麼做？」而開始學習，兩者的急迫程度不同。心裡有了疑問再學，那股力量會更強，餘韻也會更加長久。

如今不一定要上學才能學習新技術、新知識，在家就能自學出師。所有知識都在網路上，而你卻沒有學到必要的東西，那可能要思考「我是真的想學這個東西嗎？」而不是「我要去哪裡進修？」**學習沒有門檻，只取決於個人意志**。如果你現在想學某項事物，別再猶豫了，行動才是答案。

Chapter 2

下班後時間我這樣利用

書名提到的「決定未來的晚八點」，我想各位一定很好奇我晚上八點究竟做了什麼，以及如何決定未來。

其實，晚八點並沒有特別意義。下班、吃完晚餐後，就是自己能完全掌握的獨處時光。這是我長久研究下來，並在反覆嘗試後自己定出來的時間。

我將時間分為兩種：「做被交付的工作」和「做喜歡的事」。晚上八點，正是我能「做自己」的時間。至於要在清晨還是傍晚做，只要能配合個人生活作息即可。

你想做什麼？不，你做什麼事時最開心？

無論是出於興趣或是培養能力，最重要的是創造做自己的時間，並且樂在其中。若開心的時光可以讓人因期待未來而感到幸福且有意義，不只是流於單純享樂，那便再好不過了。

回顧過往，我發現我相當缺乏定性。當時的我野心勃勃，努力想達成各種不同目標。縱使目標不盡相同，但因為那些都是做自己喜愛的事的時間，所以抱持「就算沒有金錢報酬，至少要開心享受」的想法，努力樂在其中，也因此學到完全不一樣的知識。

不管是何種領域，我都盡情去享受，用不同方式接觸不同領域，嘗試新事物的恐懼感也隨之慢慢消失。這一章我會說明自己過去如何開啟副業，並做出一番成就。各位或許能透過這些例子，獲得一些有用的想法和訣竅。雖然我曾經營過各種副業，但在此只介紹四種對我未來產生關鍵影響的。

首先，要介紹的是在韓國邊上班邊準備美國留學的例子。那時每天下班後，我都會窩在圖書館埋頭念英文、準備資料。再來是平日在微軟上班，下班後經營皮革手工藝品牌的經驗。我自學手工藝，並親自製作販售的網站及郵寄產品。

然後是準備轉換跑道，整理了決定離職的理由與成功跳槽的祕訣。最後一個是買房子、經營 Airbnb，此項副業目前還是現在進行式，即使沒有花太多心思，也能替我帶來一定的收入。

這些副業事實上也沒多了不起，大家應該想的是「只要下定決心就能做出一番成果」、「我也能做出對未來有正面影響的事」。而在做了副業後，我有下列兩大收穫：

- 知道如何激勵自己不中途放棄。

● 只要下定決心，就有能力開始任何新事物。

沒有什麼萬用的終極流程，重要的是具備創造流程的能力。希望讀者不要被特定框架束縛，而是以自身方式創建經驗。期待各位能藉由這些經歷，思考自己想做什麼，以及未來想朝哪個方向前進。

1 雙重身分切換，如願赴美

二〇〇九年大學畢業後，我進入ＬＧ電子擔任ＵＩ設計師（編按：User Interface Designer，使用者介面設計師，包含設計各種網頁及應用程式介面），二〇一二年，我決心前往美國留學。放著好好的公司不待，為何我會決定去留學，又是怎麼邊上班邊準備留學？

二〇一一年農曆春節，我回了一趟老家，親戚長輩們一如既往問我「最近上班還好吧？」、「之後有什麼打算？」

當下被問時，其實我沒多想便回答「當然要認真上班」，等到睡前才認真思考那些問題。那時我在ＬＧ電子才待三年，一想到應該好好思索下一階段計畫，就讓我整晚睡不好。

當時，ＬＧ正跨足智慧型手機領域，公司從各組織挑選出菁英成員，組成ＵＸ特別小組。然而，韓國那時候很少有正式教授ＵＸ設計課程的大學，而我也不是學設計出身的，因此大家的知識都過於粗淺，也不清楚究竟該走什麼流程，更不知道可用哪些設計方法論。即便之後小組交出了優異的成果，但我仍感受到自身能力遭受瓶頸，心想要是我更了解設計方法論，就能更積極的提出意見、領導組員。而後，此想法成了我更上一層樓的起始點。

我在擔任專案設計師期間也深刻感覺到，理工學院畢業的我空有才能卻無處施展。因為沒有設計的基礎知識，只能不斷碰撞、靠經驗學習。明明在執行專案，卻不敢果斷做決策。成天被公司前輩指責，慢慢摸索學習新知，自然而然內心也萌生希望有天能把設計學好的想法。既然決定要念書，就得上最好的大學。

親戚長輩過年期間無心拋出的問題，以及察覺到自身設計知識不足的瓶頸等，令我開始好好思考下一步該怎麼走。一回到首爾，我開始搜尋碩士課程的申請條件，並著手準備。

雖然一點也不簡單，但過程本身使人充滿期待。我想像自己有天收到美國頂尖大學合格通知時，我驕傲的站在那裡的場景。如果不能實現那個目標，我會覺得就像背叛未來的自己，而感到遺憾。

要怎麼樣才能「做自己」，而不是大眾希望我成為的樣子？要是能有一段不受任何干涉、能盡情做想做的事的時光，你會選擇做什麼？我認為，挑選的準則應該是「快樂」而非「好處」。在思考哪件事對我更有利之前，應該先考慮「我做什麼事情時，會感到快樂？」

快樂可以來自實現期望的結果，也可以來自於做某件事的過程。因為這是你自願做的事，而不是有外在壓力才做。所以，如果沒有動機便很難堅持下去。或許你可以理性的計算成功機率來騙自己，但很難欺騙讓你心臟跳動的情緒和喜悅。所以，當你有明確的感覺時，不要想東想西、猶豫再三，應該直接行動。

成果不會是漸進式

從那年二月起，我開始把上班族生活和私生活區分開來。早上八點到晚上六點專心上班，下班後則專注於自己想做的事。雖然過程十分辛苦，但這是為了我的未來，我覺得我正朝著目標前進。

為了提升英文測驗分數，我開始準備雅思（編按：IELTS，International English Language Testing System，提供打算在以英文作為交流語言的國家和地區留學或就業的人的英語能力評估測驗）和GRE（編按：Graduate Record Examinations，是美國研究生入學考試／資格測驗）。

雖然平日周圍的人都稱讚我英文好，但這和考試考得好是兩回事。我考了兩次雅思，但成績都未達申請標準，這也讓我逐漸心生倦怠。

「為什麼花時間認真準備，分數卻無法達標？」

每當心頭湧上這種情緒時，如果不做出改變，很有可能會中途放棄。我需要的是分數進步的成就感，而如今卻看不到努力的成效，當然就提不起勁。

因此，我立刻報名補習班、參加讀書會，導入外部刺激，便不會輕言放棄。補習班是為了讓自己捨不得學費，進而發憤圖強，讀書會則是為了讓其他人看見我的實力，幸好方法非常管用。

和其他同樣想提升英文成績的人一起努力、彼此勉勵，從單純的「要努力」，轉換為「我要比讀書會其他人更厲害」。

獨自施行時總會碰上困難，或許得放棄和朋友的歡樂時光，也可能計畫進展緩慢或不如預期順利。一旦產生「做這個要幹麼？乖乖上班就好」的想法，就很容易放棄。這時，「診斷」自身想法很重要。

無論是工作或念書，任何領域都適用這個原理。成效通常不會漸進式出現，而是在某個瞬間突然蹦出來，若以圖表呈現，大都呈現階梯狀。

做任何事，不可能整個過程都只有開心的事。你每天付出的努力可能看起來微不足道，但它每天都在累積。**當成果不顯著、變無趣時，你需要將目標分的更細一點，使其更容易達成。**劃分目標後，每達成一項就會感受到成就感，如此一來，便能驅使你重新動起來。

我透過補習班和讀書會，重新賦予自己學習動機。剛開始念書時，我將目標設為「在英語測驗中拿下好分數」，報名補習班和參加讀書會後，則變成「在補習班考試中取得好成績」或是「比其他人更理解問題的能力」等小目標，藉此更容易觀察到成效。

在那之後的幾個月，為了達到申請碩士的門檻，我每天下班必定前往圖書館或補習班報到，目的是在雅思和GRE中取得好分數。

不知道是不是我的努力始終不足，最終雅思成績仍未達到學校要求，聽力、閱讀、寫作平均六．五分、口說七分。眼看申請截止期限一天天逼近，我似乎也沒時間重考了。同一時間我還得準備設計作品集、推薦函、學業計畫書等，我必須做出抉擇，是要繼續花時間念英文，直到及格為止，還是即使成績未達標準，轉而先朝下個階段前行。

當時，我選擇了後者。我寫信給學校，如實陳述現況，沒想到，那所大學居然回信告訴我：「沒關係，只要有繳交考兩項測驗的成績單，就予以承認。」

為了製作設計作品集，我將曾在LG發表過的作品蒐集起來，並將其製成影片，同時研究WordPress（編按：免費網站架設軟體），學習做網頁的技巧。這同樣是透過網路，從零開始自學。我購買書籍後，反覆在社群媒體上發問、尋求協助，最終做出令人滿意的作品集。當時學到的技巧，對於我後來擔任自由接案設計師有很大幫助。

接著是撰寫學業計畫書。寫完後，我拜託親友幫忙看一遍，尤其是對留學有興趣的友人，因為要是完全靠自己寫的「一言堂」，學業計畫書的品質肯定不佳，請他人確認有助於提高水準。

二月過完年，從老家回到首爾後，我一直同步過著上班族和備考生的兩種生活。每天晚上七點至十一點待在圖書館裡用功，讓我得以在期限內交出所有申請資料。

差不多到要公布結果的時刻，因為想早點知道，那陣子睡前我都會把筆記型電腦放在枕邊，以便半夜隨時醒來檢查信箱。某天，我一如往常在公司上班，終於收到學校寄來的電子郵件，而且是我日夜期盼的錄取消息。

一看到郵件，我立刻從座位上跳了起來。公司裡沒什麼人知道我正在準備海外留學，因此我趕緊收拾好情緒，出去外面透氣。歷經九個月的努力終於有了結果，心情自然開心不已。

小小成就感就能讓我們動起來

每天晚上八點的累積，終於結成「錄取碩士課程」的果實，而這也成了決定我未來的重要事件。雖然距離現在已過了十年之久，但依然是我能在國外應徵到好職務的原因之一。

只要每天投資一定時間，無論以什麼方式，都能取得成果。成果的大小並不重要，最重要的是人生有選擇。比起錄取碩士課程更珍貴的是，看見自己人生有新的可能性。

介紹上述經歷並不是想炫耀我很認真過生活，而是想和大家分享我在執行過程中不斷增加動力的方法。透過此經驗，我想強調以下四點：

1. 選擇讓你心動的目標

想像自己收到學校寄來的錄取通知，並成為比一群美國學生更優秀的樣子。

2. 創造產生動機的環境

常和準備GRE、雅思測驗的人一同共享資訊，這些對話將成為良性刺激。

3. 訂下期限

因有時效性，因而必須設定資料繳交期限。

4. 請他人給予回饋，並持續改善

拜託周遭友人幫忙檢查學業計畫書和設計作品集。聆聽各類意見，讓自己產生「我要更努力」的想法，有助於提升品質。

倘若可以把這四大重點放在心上，一定能成功完成所有的事。

一旦自己計畫的事項達到成就，往往難以忘懷，也想繼續感受那滋味。這種滿足感將成為日後引領人生前進的原動力。成功容易讓人上癮，希望各位也能一嘗其中的趣味。

2 不甘錢被偷，自學工藝上網賣

我有很多想嘗試的事，所以很常思索下班後要做什麼事。有很多想讀的書，也想拍照、彈吉他、想做木工、學程式設計……問題就出在想做的事太多。

假設想去學做木工，但同時也想學拍照，可是只擇其一的話好像又很可惜，結果我兩樣都沒做成，只是虛度光陰。我自責怎麼會只有空想，卻不去實踐，有太多想做的事是一大問題，但沒有排出執行的優先順序也是主因之一。

就這樣過了一年，我依然找不到解決方法。某天早上，我賣了摩托車，想等到中午再拿去銀行存，於是先把那筆錢放在車上，結果就出大事了。那時，我心想：「反正等一下就要去銀行，應該不會有什麼意外吧？」

但就在這麼短的時間內，錢被偷了。我把車子停在公寓停車場，結果車窗被打破，現金不翼而飛。其實在美國，車中財物被偷是很常見的事，我當初根本不該笨到把貴重物品放在那。

我當下實在太生氣了，馬上就去報警，但案發現場附近並沒有裝設監視器，因此要抓到犯人的機率微乎其微。我也同時申請保險理賠，不過因沒辦法提出證明說當時車子裡有現金，所以保險公司也無法受理。

原本一心想抓到犯人，後來幾乎快放棄。「要是我不把現金放在車上，應該就不會被偷了吧？」、「犯人究竟是誰？」、「會不會是早上買走我摩托車的人？」腦海中浮現各種想法，但結論是，這些自責、後悔、推測等，對現實一點幫助也沒有。

另一方面，慶幸至少沒人受傷，只是錢沒了而已。雖然既氣憤又委屈，但盡早忘掉傷心事或許才是最好的選擇！

「不如把這件事當成轉禍為福的機會？」

痛失金錢讓我備感空虛，倘若什麼都不做，我就會「賠了夫人又折兵」。要是我能藉由這件事痛下決心，讓它變成契機，日後說不定反而會感謝今天經歷的這件事！

既然都賠錢了，不如當作補習費，一定要撈回一些東西。我拿出一直以來想做的項目清單，以前總是定不了優先順序的清單，瞬間有了頭緒。

我下定決心要將弄丟現金的空虛和憤怒化為動力，故而把標準設定在「能否靠這件事賺錢」！

唯有行動才是解答

我從事件發生的下一個月起，開始學木工。我先到販售手工藝成品的 Etsy 網站，分析哪些產品賣得好、容易郵寄。然後決定販售手錶、砧板、可以吸在冰箱上的開瓶器、平板／手機架、杯墊。接下來，著手打聽該從哪邊訂木材，訂好之後便慢慢做出一、兩件產品。

要學的東西比想像中還要多，還須具備基本電具知識。我透過 YouTube 影片，學會如何切割木材、銜接、塗亮光漆等。

然而，靠 YouTube 學習和實際操作還是有落差。起初看影片覺得很簡單，等到親自操作的時候，卻碰到很多沒有預料到的難關，就連最基本的切塊都很難切得漂亮，也無法隨心所欲割出想要的形狀。我只能反覆了解問題的所在後，再做改進。

YouTube 畢竟沒有完整的教學課綱，我也自覺缺少基礎知識和一些必學的重要技術。在歷經多次失敗、弄壞許多木材，能力終於漸長。最後，我製作出可銷售的產品。即便現在想起來對自己怎麼好意思拿出去賣，感到不可思議，但仍為當時的自己達到目標而自豪。

慢慢的完成幾件單一作品後，總算能組成一系列產品，再來需要一個能販售的網路平臺。先前我曾為了作品集製作過網頁，本想這次應該也不會太難，不過實際做起來還是與之前有所落差。

架設網站過程中，除了構思商品名稱、LOGO、標語，還增加結帳模組、提升圖片顯示速度、最佳化搜尋引擎等。上述這些都是我頭一回碰到，因此全部都得從基礎學起，慢慢彌補不足之處。

縱使不是非常完美的網站，不過總算是有點雛形。但這還沒完，還必須要拍攝網站用的照片、製作商品詳細說明頁面、宣傳網頁和產品……要做的事情堆積如山。

再接下來是增加曝光率。我建立了臉書（編按：Facebook，現已改為 Meta）專頁，在 Etsy 網站上投放廣告、增加 Google 廣告關鍵字等，開始替自己宣傳。這個過程相對簡單，只要設定主要客群並支付費用即可。

決定要製作的產品、學習木工、架設網站，並在網路上銷售，這些是我在同時兼顧工作下，花兩個月的時間才完成的。雖然每天下班後要孤軍奮鬥到深夜，但一想到自己變得越來越好，就算辛苦也能堅持下去。

將商品放到網站和 Etsy 商店後，我靜靜等待訂單上門。雖然不期待一上市就能大賣，但既然已經在品質和宣傳上下足了苦功，心想第一張訂單應該不會等太久。然而，現實卻和預想不同，整整一週一件也沒賣出去。

幸好訪客人數逐步增加，而我也一直沒放棄希望，最終在一週後銷售出第一件商品。我想，這全歸功於我使用比其他網站品質更好的木材，且價格又比較便宜。產品賣出的瞬間，我有種被他人認可的感覺。

之後，我還被一間本土團體活動邀請，進行實體販售，也曾在公司慈善義賣活動上以一百五十美元（編按：約新臺幣四千八百三十二元，全書美元兌新臺幣匯率，皆以臺灣銀行二〇二四年十一月公告之均價三十二．二一五元為準）售出我做的砧板。

現在回想，與其說我想學木工，不如說想闖出一番事業。做木工固然有趣，但更令我開心的是，透過這件事有所成長。

不去試試怎會知道不行

銷量維持一定程度，事業蒸蒸日上。這時，一名和我要好的朋友拋出一句很關鍵的話：「哥，你的產品好像很普通。要不要再提升競爭力？」

聽完之後我火冒三丈，很想一口回絕他，因為我用的可是最高級材料。無奈他說的全是事實，我的商品並沒有關鍵性優勢，消費者不一定非得在我的商店購買。

我的商店名稱叫「Design craft」，非常一般，就算用搜尋引擎也找不到。此外，我是在公寓的公共空間作業，環境非常惡劣，因而難以激發獨特創意。

我決定用新角度思考。基於機臺和空間限制，若想持續以不同方式做出有特色、有競爭力的產品，確實無法忽視環境問題。考慮幾天後，我不再接新訂單，而是開始嘗試新的事物。

我繼續從事手工製造，不過將主材料換成相對不受限制的皮革。商店名稱也改叫 Gilbert goods，放進自己的名字，增加獨特性。

起初我對皮革工藝並不感興趣，但還是像學木工一樣，看 YouTube 一步步從基礎學起，反覆做到雙手完全熟悉為止。也許是因為皮革的作業規模比較小，所以可以找到各式各樣的教學課程。透過之前看 YouTube 學木工的經驗，讓我很快就抓到學習新技術的訣竅：應該學什麼、問哪些問題，以及如何找到這些問題的答案等。並了解在開始一件新事物時，需要歷經哪些階段，或許主題或領域略有不同，但學習方法其實都很類似。

這次我開設了 YouTube 頻道，剪輯製作花絮影片上傳，並且開始使用 Instagram。在短短幾個月內，增加許多訂閱者，追蹤者人數也多了不少，我在 Etsy 網站上的銷售也相當順利。

備受認可、一步步成長，令我感到十分驕傲。上班時用電腦做設計，下班後親手製作物品，我感覺自己穿梭於想像和現實的設計世界中。

可惜的是，經營品牌大約三年左右，我必須暫時歇業。當時我從微軟辭職，跳槽到迪士尼，工作地點也由西雅圖轉移到波士頓。本來也想在波士頓經營，無奈房子變小、空間不足，難以持續下去。

「這個副業讓我賺大錢了嗎？」、「這個副業讓我聲名大噪了嗎？」不，沒有，但誰說休業中的 Gilbert goods 未來不可能變成更大的品牌回歸？雖然這只是我的想法，但光是這一點就值得我花時間。

從我放在車裡的錢被偷後，我一心想著總有一天要賺回那些錢，進而開始了副業之路，而這讓我回收了那筆錢的好幾倍。最重要的是，透過副業讓我明白「我真的很喜歡動手做東西」，也了解到做什麼時最幸福。

要是因為想做的事太多，不知道該從何下手，那就先訂個優先順序！我也是出於遺失金錢，才終於快速設定想做的副業。各位不用像我一樣碰到事情才做決定，不過仍有必要仔細檢視一下目標。

- 你想藉由副業成為什麼樣的人？
- 你想探索自己哪一部分？

不做就不會明白，一定要親身試驗才可以。不要想太多，相信直覺，放手去做。事實上，我們不需要深入思考，馬上動手去實踐就對了。

一總會變成十，十也會成為一百。看不見成長又如何，行動本身就具有意義。領悟到「原來我喜歡這個」、「做了以後才發現不適合我」等，就是最大的收穫。

有時，睡前我會問自己：「今天認真過日子了嗎？」但現在我換個問法：「今天做自己了嗎？」

我們每天花很多時間做社會或公司要我們做的事，而非我想做的事。然而，我希望各位能在下班或做完該做的事之後，一天花一、兩個小時也好，學會「做自己」。

把這些時間累積起來，就能讓你清楚知道「我是怎樣的人？」、「喜歡什麼東西？」、「追求的事物為何？」、「想往哪個方向前進？」那些終將成為送給自己的最棒禮物。

3 斜槓寫作，助我從微軟跳槽迪士尼

我在微軟擔任約三年的設計師。那是我在美國的第一份工作，過程並不簡單，後來，當我逐漸適應時，突然想到：「工作對我而言代表什麼？」大學畢業後，我想到的下一步就是找到工作，一直以來我都只顧著拚命向前跑。然而，三十多歲的我，是時候重新思考工作的意義了。先說結論，思考過後，我決定離職。

正當我苦於思索時，我偶然在電視上看到已故韓國歌手金光石的表演。他在演唱〈三十歲左右〉時，說：「十幾歲時，我努力模仿他人，就像照鏡子一樣，二十幾歲時，我為了找尋自我和許多人來往，卻也跌跌撞撞。待到三十歲之際，我放棄了一些事、認可一些事，同時發現周圍已經沒有那麼有趣、那麼新奇的事情了。」

這句話讓我很有共鳴。二十幾歲是探索自己擅長什麼的時段，對許多事產生興趣，甚至不惜燃燒自己也要去學習。也許可能會達成小成就，也可能會跌倒、受傷，並逐漸明白「原來我是這樣的人」。嘗試過各種事物後，覺得有趣且又適合自己的，就繼續堅持下去，感覺不適合的，就算了。等到三十幾歲，便有了至少一項擅長的事，而這或許也會變成工作。

那麼，職場對我們的生命具有何種意義？

1. 藉由工作和世界連結

職場是可以證明「我比任何人都擅長這件事」的地方。二十幾歲的我充滿為了成為好設計師而努力的痕跡，花時間培養自己的眼光，努力成為無論是什麼樣的平臺，都能自由發揮的設計師。

現在，我依然致力於成為好設計師。設計是我存在於世界的方式，我不斷練習，想證明自己能對世界做出貢獻。我想了解生命的意義能以何種樣貌呈現，想知道自己的格局究竟能有多大。

我在公司大部分時間都在做設計，也自然而然有了設計師的頭銜。因此，設計正是我和世界的媒介。換言之，從以前到現在的努力、成就、專案等，造就了現在的我。

2. 學習的場所

我們付了不少錢上大學讀書，但**其實「學習」的另一種說法就是「工作」**。學生做功課、製作專題，當了上班族後也是如此，負責被交付的基本業務、執行專案。說到底，其實都是在工作，只不過前者是付錢做事，而後者是收錢辦公。另外，學校也會提供課綱，並親切指導學生，但上班族則必須自行尋找。

實際上，最好的學習環境是被丟到專案裡。當眼前碰上必須解決的問題時，便會發揮生存本能，以最快速度學到實戰技巧。

人生就是不斷學習、提醒自己虛心受教的過程，要學的東西一直都在，應該自行覺察。想讓生活過得好，就得累積經驗和實力。「很會做事」也代表著能透過經歷學會許多事，同時能將所學適時派上用場。

3. 讓我有用武之地

要是叫我這個設計師去當業務賣車，我大概「很沒用」，因為我的業績可能不會太好。我是一名設計師，希望能善用自身技術，向企業證明他們為什麼需要我，並且獲得好待遇。

在我思考職場問題時，我讀到臉書前設計部門副總朱莉·卓（編按：Julie Zhou，二〇二〇年後辭職，並創業成為 Sundial 聯合創始人）寫的〈思考職涯的方式〉：

- 問問自己為何每天都不想去上班！
- 如果過去六個月都只做簡單的工作，那就問自己在職場上學到些什麼！
- 如果主管沒有給予支援或指導，請表達希望獲得什麼樣的協助！
- 如果自身的長期目標和價值與企業不符，或許可以考慮離職！[1]（編按：全書標記[ ]，為參考文獻的對照記號）

我把自己帶入其中，並試著回答以下問題：「我每天都會學到很多新事物嗎？」、「我對公司是否有用，有無被認可的價值？」當時的我回答不出「Yes」，因而決定離職。既沒有新學的事物，也沒能好好運用所學，那麼，便沒必要繼續安逸於此。

實戰是最佳的練習

我開始著手準備離職。首先，整理出待辦清單，重新撰寫自我介紹，還得更新作品集，也就是我的網站，距離上一次更新已經是很久以前，所以我決定來個大翻新。

我先問自己：「什麼是好的作品集？」為了找尋答案，我搜尋並調查各種資料。花了幾天翻看其他人的作品集，梳理了可以學習和要避開的部分，也終於明白為何有些看上去很有感覺，有些則讓人覺得不足。此外，我也觀察、分析設計師通常會將哪類作品放在作品集中，以及每個作品的平均長度，並統整成數據。

再來，我問自己：「現在的作品集和好的作品集差別在哪？」找出差異後，盡可能整理出具體內容，並套用到自己的，努力減少差距。所以，每晚下班後，我回到家做的第一件事是打開電腦重新製作網頁。整理在微軟執行過的專案，如果前後對不起來，就重新再做一遍。

之後我請周圍的人幫忙，一同改善作品集。我請設計師朋友幫忙評估，努力接納他們給予的建議。有些人的回饋很抽象，像是「不知道這個作品要表達什麼」，也有些人給出具體意見，例如，「這個作品裡不需要提到這件事，最好拿掉」。至於採納與否，就是我要做的事了。

隨後，我把履歷分別投遞到幾間希望任職的公司，Dropbox、迪士尼、亞馬遜（Amazon）、谷歌等陸續寄來面試通知。面談下來我也累積了一些訣竅，並再次體會到人家說的「實戰是最佳的練習」。

此時，最重要的是「復盤」（編按：棋類術語。對弈完後，按照紀錄重新演練該盤棋局，檢討優劣得失關鍵）。例如，「為什麼我在面談後被淘汰？」、「為何人資沒挑中我？」等，我根據過往經驗，試圖改善自己的不足之處。

面試時，得用英文詳細表達自身意見。假設說母語，我也許能用十句話闡明某個事例，但換成說英文時，會不自覺縮減成六句左右。

「這是英文能力的問題？還是個人想法的問題？」我認為是後者。我雖然擁有英文表達能力，卻無法在說話的同時整理思緒。如果我能在開口前，完美整理好，那麼面試時應該能表現的更加自在。透過這個結論，使我的副業又衍生出另一個副業。

沒有答案，就自行定義

我需要時間整理想法，希望能事先整理好自己對設計的基本信念和觀點，無論面試官提出怎樣的問題，我都能不慌不忙、有自信的回答。因此，我開始在韓國寫作平臺網站 Brunch 當起作家。

寫作最能梳理思緒。我寫下對原型設計框架的想法、何謂有能力的設計師，以及為何考慮離開現在任職的公司等，可能會被問到的基本問題。此外，我也將面試後的心得記錄下來，好讓自己能更確實的復盤。

我養成每週五下午三點半到下班前寫作的習慣，最後，我的 Brunch 也達到五千名訂閱者。雖然現在不像以前一樣每週寫作，不過這依然成為我離職後的副業之一。

六個月以來，我每天下班後都忙著修改作品集、準備面試，和設計師朋友們進行模擬面談或諮商等，最終成功跳槽至迪士尼。

在面試中幾度慘遭淘汰，有時不免感到喪氣、情緒低落。有時我也會和朋友一起小酌，大吐苦水，也曾想過是否該就此放棄。

每當產生這類想法時，我就會想像自己在別間公司上班的樣子。一想到能在比現在更好的地方就業，不僅可以學到更多東西，還能成為更有用的人，瞬間就感到心動不已。

我到職的單位是設計迪士尼樂園和迪士尼世界，遊客使用的手機 App。迪士尼世界的經營理念是「世界上最幸福的地方」，我滿心期待可以在這裡發揮長處。從原先在微軟設計 PowerPoint、Word 等程式，轉至休閒娛樂領域拓展新知識，令我覺得十分有趣。

另一項讓我重新振作起來的是周圍親友的鼓勵和支持。我請設計師朋友幫忙看自我介紹和作品集，同時獲得了許多回饋。之後碰面，他們都會問我：「計畫還順利嗎？需不需要其他幫忙？」每次聽到這些話，都會成為我的動力，讓我想回報他們的期待。

然而，這次和學習演奏樂器或木工等的不同之處在於，我要找的不是固定解答，而是自己創造答案的過程。

假如沒有解答，也許只要在自己能做得到的範圍內定義出來即可。當不知道該如何讓作品集升級時，我便努力參考他人的作品集，藉此決定好標準。

世上的問題大都有答案，或許沒有正確解答，不過透過尋找、親自嘗試、發問，就能找到某種程度的線索。不是沒有答案，只是現在的我不知道，抑或是還沒準備好回答「自己到底擅長什麼？」因此，比起給出解答，新手應該將重點放在要如何問問題。

之後，將會越來越有自信。即便挑戰新的領域，也能自行尋找解答，執行副業的能力也會日漸茁壯。雖然在公司工作也能有所成長，但在自己計畫並主導的副業中解決問題，收穫更多。當做出成果時，那將會是世界上最開心、最刺激的經驗。

4 Airbnb當房東，打造被動收入

周圍的人覺得我是非常積極過生活的人，但我偶爾也會想偷懶。我也希望「錢多事少離家近，上班自由隨我定」。

提到**收入，不外三種所得：勞動所得、資本所得、事業所得。**

勞動所得指的是在公司上班，用時間換金錢的行為。我的技術在市場上有多好用，便決定了我的價值。不過，每個人的一天都只有二十四小時，一天賺取十萬韓元的人，努力一點也許可以賺到十二萬韓元，但要他突然一天賺一百萬韓元根本是不可能的事。

再來是靠錢滾錢的「資本所得」，是指不動產、投資股票等。至於能賺多少，就取決於投入資本多寡。

即便同樣靠投資股票獲利五〇%，投資十萬韓元的人只能賺五萬韓元，投資一億韓元的人則能賺五千萬韓元。當然，資本高，虧損相對也會變多。換句話

說，初期得有一定資本才能賺錢，還要注意變化及風險。

最後，「事業所得」是藉由做生意賺取的收入。事業初期就算賺不到錢，也必須投入一定的時間和金錢，建立起能創造被動收入（編按：只要付出一點努力進行維護，就能定期獲得的收入）的系統。待生意上了軌道後，更要保持在不直接參與的情況下，自動獲取報酬。

身為上班族，大都有第一和第二種，卻很少有人擁有第三種收入。

雖然我一直在上班之餘額外進行副業，但結婚前後所從事的必定有所不同。婚前不會有非得做出成果的壓迫感，只要有興趣就放手去做，一旦發現不適合我、碰到瓶頸，也能隨時喊停，不會有任何負擔。想學就花時間學，不想做就中途放棄。

但婚後，需要與妻子共享所有生活，因此我希望副業能補貼家中經濟。同時，我也想讓她看到我很會善用時間，有成果時能和她一起分享喜悅。所以，我訂下具體目標，希望此次的副業能創造額外收入。

縱使我並未夢想提早退休，但婚後，我一直想找尋不工作也可以擁有被動營收的方法。目前勞動所得仍占大部分，但當我上了年紀，就很難再有所提升，因此必須提高資本所得和事業所得的比例。最理想的狀況是，讓資本所得和事業所得慢慢取代勞動所得。

我思索有什麼方法能提高額外營收，也曾考慮過在綜合網路平臺亞馬遜上販售物品，或是從中國全球速賣通（編按：AliExpress，是阿里巴巴集團在二〇一〇年成立的跨境電商平臺）進貨到美國賣等。那時，我尚未具體決定要做什麼，只是不斷廣泛搜尋、調查資料。

有一天，我看到了某 YouTube 影片——「以 Airbnb 月入一萬美元，不藏私教學！」影片裡上傳者先介紹他在優勝美地國家公園（Yosemite National Park）附近的房子，並進一步說明自己如何靠 Airbnb 創造被動收入。方法很簡單，買一間房子，把裡面裝潢得漂漂亮亮，然後上傳到 Airbnb。

「或許，我也可以試試看？」搜尋其他領域時，我一點感覺也沒有，現在突然間來了靈感，是時候將其化為現實了。

我透過網站 AirDNA（編按：https://www.airdna.co，提供短租相關數據，預測未來趨勢），了解優勝美地一帶經營 Airbnb 的近期租屋價格，並用 Excel 計算預估收入。接下來，開始搜尋附近出售的房屋。考量每日房價、熱門住宿地點與裝潢，以及房屋本身價格等，用貸款購屋後，似乎還是能賺錢。

每年造訪優勝美地的觀光客人數平均約有四百萬人。如果提供比其他住宿地更舒適的環境，卻還是沒有人來預約，那就是定價問題。

我估算後發現，就算把每日房價降得比預估還低，也不會造成太大的經營虧損。萬一真的碰到最糟糕的情況，頂多是等房子價格上漲後再賣出去即可。打聽得越仔細，越覺得此項投資風險不大，能放手一試。

我聯絡房仲，每個週末開車往返八小時的優勝美地看屋，開長途車是一回事，主要是好房子真的不好找。

有些地處市郊、風景好，但屋況很糟；有些則是房子狀態非常好，卻缺乏景致。當我明白不可能會有一間價格漂亮、地點優質的完美房屋後，只好果斷放棄其中一項條件。

我本想找距離優勝美地車程一小時以內的，最後在車程一小時又二十分鐘的地區找到滿意的房子。風景美，只要修理廚房、地板和廁所就可以了。

整片地約一萬兩千坪，房子四十五坪，四間房間，三間洗手間。土地雖大，但因位處花崗岩地區，底下有很多大石頭，無法盡數使用。另一方面，它也位於嫻靜的山腳下，寬闊的山巒形成了壯麗美景。

思考兩天後，我馬上簽約，銀行帳戶也瞬間少了一大筆錢，但仍相信自己計算的結果，想勇於嘗試。不過，換言之，我從這個月起就得繳貸款了。購屋前感覺這間房子優點很多，買了以後才更清楚哪些地方需要修繕。

我從 YouTube 上學了一些重新裝潢和居家布置的實用訣竅，馬上列了一份待辦清單。心想如果不親自處理大小事務，這個副業便會就此停擺。

施工初期我對操作機械頗有信心，覺得自行施作能節省大部分成本。然而，我完全判斷錯誤，不曾想過時間其實比金錢更加重要。再者，我平日必須專注在公司業務上，因此得抓緊進度盡快完成裝修。

所謂生意，就是若不盡快將固定支出轉換為收入，時間拖越久，虧損就越大。這回又讓我重新體悟到，砸了大錢進去後，看在錢的面子上，自然會半強迫產生動力。

每個週末從早到晚我都忙著重新裝修，還要再加上來回八小時的開車時間。有些事我親自做，如果無法處理，就請專業技師來弄，我則透過電話監督。

不想花大錢，卻省小失大

我想打掉廚房，於是找了業者報價，也貨比三家。本來想說拆除作業很簡單，技師的實力如何應該不會有影響，沒有事前確認對方做事情是否牢靠，就隨便選了最便宜的。

不料，那個人藉口要花更多時間拆除，試圖索取額外費用。從某一天起，經常發生講好施工日期卻沒有出現，也聯絡不到人。說是突然有急事，搪塞各種奇怪藉口後，就搞消失。由於那位技師是當日現領，因此也沒必要堅持幫我把事情做完。

最終，我還是得週末到現場親自確認。我一看到房子，瞬間傻眼。拆除作業非但沒做完，拆下來的廢棄物也直接堆在一旁，我還得另外找人處理，比一開始僱用專家花了更多錢。

解決這個問題後，又出現新的危機。我在宜家家居（IKEA）訂了櫃子，但因房子較偏遠，他們說寄送要花一個半月左右。然而，廚房若不趕快動工，其他地方也沒辦法動作，我只能想別的辦法。我詢問他們能否更改寄送地址，他們回覆說，大約一週就可以送到我家。

接下來是如何把櫃子從我家運到那。因為櫃子太大，沒辦法用一般小貨車搬運，如果請專人送過去，費用又太貴。最後，我只能去借一臺拖車載過去，歷經一番曲折後，終於能改造廚房了。

下一步是後院施工。後院能看到山，只要好好裝修一番，就能充分享受這個空間。問題是，這塊地幾乎一片荒蕪。雖然考慮了很多選項，最終因費用問題，我決定鋪水泥。

我總共見了五位泥作師傅，最後選擇委託價格便宜、看起來頗有自信的一位墨西哥技師。殊不知找錯人，問他做得到嗎？他都跟我拍胸脯掛保證。但約定施工的前一週，我遲遲聯絡不上他。無論我怎麼打電話，留了再多訊息也沒用。

施工進度再度回到原點，我只能重新打電話四處詢問報價。當時真是一個頭兩個大，但現在回想起來，其實也學了很多。便宜真的沒好貨，請人工作一定要當心。我把這件事當作學了一個教訓，付了更多錢請值得信任的水泥專業公司，才終於完成。

再來，輪到把家具放進房子裡了。四十五坪大的房子，我得購買三張床、餐桌、沙發等。妻子負責挑選風格和色調，我負責結帳。

在美國，如果在 IKEA 以外的地方訂購家具，通常會花上兩至三個月的時間，但我等不了這麼久。最快的方法是購買二手家具，而且當天就能取貨，所以我更積極的聯絡那些賣家。確認家具狀態、預付訂金、講好取件日子……我把所有二手家具的取件日定為同一天，借了拖車在整個舊金山跑透透。

開始這件事之前，我想像事情會如行駛在高速公路般迅速，做了以後卻感覺自己是開在石頭路上。每一步都走得不輕鬆，慌慌張張，四處碰壁，一直忙著解決各類棘手問題。

解決問題的必要態度

房屋裝修結束後，我還得處理行政工作，例如，取得必要許可、登記繳稅，還要尋找日後能幫忙打掃的公司。這部分最後透過他人介紹解決，截至目前為止仍保持良好關係。

如今經營 Airbnb 已經三年多了，有了還算滿意的收入，而且還多了另一個經營據點。走向成功的路上，真的會遇上接踵而來的難題，必須關關難過關關過。其中，技師們的態度使我受益良多。例如，我買了要自行組裝的櫃子，但過程並不如預期順利，我會開始發牢騷，怪使用說明書為何不能寫人話，還會怪罪櫃子品質為什麼這麼差。

但專家們會冷靜的一項項分析不順利的主因，如果組裝櫃子是目標，那麼，發牢騷、怪材料不好，根本一點用也沒有。他們懂得尋找根本原因，並一一擊破。我也從中學到，不怪罪某件事物、避免消耗情感、冷靜解決問題的態度。

在日常生活也是如此。有時候問題非常明顯，而有時只是還沒浮上檯面。也許正因如此，公司挑選人才時，通常會重視解決問題的能力。了解並尋找最有效率的解方，然後馬上執行，要是能擁有這種能力，便也不需要羨慕他人了。

要是能重來，相信我一定可以做得更好。雖然那時候壓力山大，但當時的拚命也讓我很開心。**世上沒有完美的選擇**，別忘了**所有經驗都會讓自己變得更強壯、成長。**

5 理想很豐滿，現實很骨感

大學時期，我對未來是否想繼續升學，畢業後想做什麼工作等，一點想法都沒有。

大家或許會好奇，在這麼多的科系裡，為什麼我偏偏選了工業工程系。難道是因為我從小對庫存管理和生產管理，或者是對物流抱有好奇心？並不是。至於，為何選擇此科系，只是因我的分數剛好可以上這個學校的這個科系。

對工業工程一點興趣也沒有的我，就這樣上了大學，想當然不可能學得好。我經常蹺課，有時甚至缺考。雖然有學長姐勸我「在學成績高，日後才能進入好公司」，想替我增加學習動力，但那些並沒有成為真正的動機，我只是想追求自己想做的事。

人家叫我念書，我抵死不從，不過卻有一項是別人叫我不要做，我還繼續做的——彈吉他。

在社團演奏時，我的吉他聲和其他演奏者樂聲合而為一，那感覺極為美妙。要是缺了我，樂團就無法完成音樂，這也讓我感覺自己備受認可。周圍的人都稱讚我很會彈吉他，也有學弟妹請我指導他們，因而令我更加痴迷於吉他。

要是在圖書館念書時想起吉他，我就會跑去練團，經常在不知不覺間就過了幾個小時。最後藏在心裡的渴望也就此爆發，我向父母坦承自己不知道為什麼要念理工學院。

「我想退學，然後靠吉他重新考進其他大學的實用音樂系。」

父母當然勸我別這麼做，他們說要是只學吉他，未來要走的路會比念書還艱難。但我認為，彈吉他很幸福，與其提前擔心未來，不如率性過日子，堅持不改變心意。

最後，我的事傳到教授耳裡，並跟我約了時間面談。後來，我也告訴教授自己有多喜歡吉他。

「教授，我真的很喜歡彈吉他。現在雖然沒有具體規畫，但我覺得彈著彈著總會找到出路。」

「我懂你為什麼想彈吉他。但你要不要試著換個角度想？吉他手彈一手好吉他是理所當然的事，一點也不酷。不過，如果醫生很會彈吉他，那不是更酷？」

聽了這番話後，我決定放棄吉他夢，當回勤勉的學生……如果我能這麼說當然是大家都想要的圓滿結局，但當時我一點也不認同。我哭著拚命的想要說服父母和教授，終於爭取到一學期的時間，埋頭苦練吉他，目標是重新考進實用音樂學系，且必須讓吉他老師說出：「這個學生有才能，可以試著挑戰考取首爾藝術大學」。

縱使整個學期我每天練習十小時以上，但首爾藝術大學的門檻實在太高，最終以失敗收場。報名補習班後，我才發現，有非常多學生為了考進實用音樂學系，已經重考多次了。和我一起學吉他的一位學長，實力非常優越，卻聽說他也已經重考第三次。

想在藝術領域嶄露頭角，真的需要注入大量心血，刻苦耐勞，而我居然妄想花一學期挑戰吉他，根本是以卵擊石。

我的吉他實力沒有好到讓老師誇讚有天分，不可能順利通過甄試。但既然試過了，我也沒有遺憾。之後，我便當兵去了（編按：韓國目前仍實施徵兵制，一般韓國男性為了能在大學畢業後馬上就業，大都會在修完大一或大二課程後，先去當兵，兩年後再回來繼續學業）。

慢慢了解自己的喜悅

仔細回想，這才想到當時教授提到：「擅長本業之外其他事情的人更酷。」透過這個經驗，也讓我產生除了設計的本業之外，還能在其他領域有所成就的目標。當然，也許達不到專家等級的水準，不過我仍充滿一定要說到做到的意志。

我曾看過一些百萬富翁的採訪。人們問，如何才能成為百萬富翁？他們異口同聲回答：「我的收入來源不只一種。除了本業外，還有不動產、股票、版權、演講、事業收入等。」

多項收入來源使這些百萬富翁更加富有。因為他們不斷挑戰新領域，用收入證明結果，看起來非常酷。我想，這大概就像是教授說的那種，連吉他都會彈的醫生吧！

擅長其他事，確實很有吸引力，我同樣希望自己是如此。因此，在認真完成本業之餘，我也嘗試過許多不同事物。我架過可以上傳照片的網站，也學會製作歌曲。一開始買房子時，因為想親自裝潢，所以練習了貼磁磚的方法，又因想自行設計、製作家具，而更深入學習木工。

探索並學習，確實令我的人生變得更多采多姿、更豐富。就算失敗了也沒人會責怪我，幾次犯錯後才終於成長，非常有趣。

我的副業有些和本業有關，有些則是完全不同的領域。無論是什麼，都能由我自行選擇，並能滿足我的好奇心，同時成了我生命的原動力。

各位的工作哲學是什麼？大部分人的本業幾乎是「自己擅長的事情」，因為擅長，所以能為公司發展做出貢獻，並獲得薪水報酬。然而，企業的目標是創造獲利，故難以滿足個人對知識的好奇心。

雖然我喜歡設計，但很難說公司的業務便足以完全滿足我的好奇心及興趣。我既不能從頭到尾掌握工作主導權，也不能自得其樂，而是必須做得好。因此，我透過副業來滿足自己的好奇心及興趣。這可以完全由我控制，而且不一定每次都得做到最好。

本業的專案一旦失敗，會造成重大打擊，但副業不會，即使嘗試後失敗了，也沒關係。

不過，在此有個前提——**必須先做好本業，再去做其他事**。通常一件事做得好，其他事也能做得好，若本業不穩固，還四處觀望其他地方，那其他事大概也做不好。

本業是「該做的事」，副業則是「想做的事」。你可能因執行副業而疏忽了本業，但若無法鞏固本業，這也表示你還沒做好進行副業的準備。副業只是埋首於偶發性的有興趣事物上，本業才是投資長時間累積職涯，亦是支持我做所有事的根本。

本業和副業皆會對自身造成影響，投資的時間和努力造就了我。過去的所有專案，造就了人生，不論是什麼，都會影響未來。

Chapter 3

高效率的目標管理

在我煩惱副業該做什麼時，偶然聽了演講，因而產生動機，且越來越想改變生活。

我開始每天花兩個小時研究股票和不動產，以賺取被動收入。同時，為了打造健康的身體，我還買了運動鞋、運動服、器材等，開始運動。此外，考量到職涯，我開始每週上兩次補習班，練習英文會話。

我以為長時間累積下來，我就能靠股票和不動產致富，也可以變成肌肉男、拍紀念寫真照，還能在公司用英文和國外客戶對話。然而，現實通常和想像不一樣。前一、兩週尚且堅持得住，　個月後要同時兼這麼多副業，讓我開始動搖，無法堅持下去。

拖延幾次後，我的理財筆記、運動器材、英文書等，逐漸被丟在角落，變成閒置的物品。不僅放棄念書，也放棄運動，最終什麼都沒做到。**想做的事太多，有時比什麼都不做更糟糕。**

我們時常想一次性解決生活所有問題。為了在短時間內獲得成果，燃燒所有意志和能量，到最後卻什麼都不剩。我認為，只有花時間一步步慢慢走，才能達到自己想要的水準。

與其一下子改變太多東西，不如先從重要的一、兩件事開始做起。本章要探討如何選擇和管理副業的方法。但在這之前，請先試著回答下列問題：

- 在你的生命中，什麼最重要？
- 你最想跟誰在一起？
- 什麼時候、做什麼事時，你會感到最有意義？
- 假如沒有時間和金錢限制，你想做什麼？
- 如果為了幸福只能做一件事情，你會做什麼？

上述問題或許很抽象，也很難回答，但答案可能依每個人目前處於何種人生階段而有所改變。大學生或上班族、二十歲或四十歲……都會左右解答的方向。這些提問都是決定生命框架的重要課題，然而當我們忙於日常生活，有時可能沒有餘裕去思考正確答案。

改變就從提問開始。如果不去提問，不去尋求答案，我們就會隨波逐流，過著平淡無奇的生活。現在是時候靜下心來，思考一下自己真正想要的是什麼。

你怎麼回答這些問題，取決於自己的價值觀。若這些答案能成為副業的主框架，它就是你最強的動力。在開始之前，請各位先想想上一頁的問題！找到答案後，挑選副框架的主題將會簡單許多。

1 人的意志力是有限的

大家都知道目標很重要，卻鮮少有人知道該如何實踐，即使知道如何做，也需要花時間、心力訓練。

每個人都有開了頭卻從未完成的事項，我也一樣。年輕時彈吉他，也對寫歌很感興趣，本來的目標是製作專輯發行，不料在嘗試後就此劃下句點。

創造出成果的事項和創造不出成果的事項，這兩者有什麼差異？回顧那些中途放棄的，會發現差別在於執行能力不足。無法鼓勵自己，感到煩躁、疲憊時，便找不到能驅使自身行動的動力。

相反的，影響未來的成功事項通常伴隨著「正確的目標設定」和「動機」的結合。這裡所說的正確是根據我的親身經驗得出，並非指正確答案的意思。每個人設定目標的方法不盡相同，我只是提出自己的做為參考。

設定目標前，先學會問問題

你為什麼會失敗？設定目標前先問自己下列三道問題：

1. 這件事平常就盤旋在你腦海中嗎？

沒人會要求你做副業，你必須自己默默執行。沒有老闆盯，也沒有客戶督促你盡快做出成效。因此，你必須自行設定目標，做出成就，並朝目標前進。我要表達的是，**做你內心想要的事，而非腦袋想要的事**。

哪些是內心想要的事？舉最具代表性的戀愛為例。假設你喜歡上某人，那種感覺越來越強烈，隨時隨地都會想到他，好奇他吃了什麼，現在正在做什麼，是否安全等，就連一些沒必要、對自己完全沒幫助的資訊都感到好奇。有時，甚至會影響到工作，還得努力控制自己不去想。不是因為覺得「喜歡這個人會對我有什麼好處」，而是「說不上理由，就是喜歡」。

各位可以試著把這股能量的對象換成個人專案，做心之所向的事，三、四個小時也會讓人感覺時光飛逝。

大腦想要做的事是計算過利弊後，覺得利大於弊時，才會開始認真做事。內心想要做的事則是在計算利弊以前，就感覺自己非做不可。也就是說，理性是即便你不願意，但若有必要，它會判斷這是必須做的事，反之，感性是你的心會對情感誠實，不會說謊。我建議大家傾聽自己內在的聲音。你一定知道你的心裡怎麼想，就如同肚子餓了就會想吃東西一樣。

當你開始做內心想要做的事時，首先會發生的事就是，你會不斷想到那件事。無論是坐在沙發上暫時喘口氣，或是悠閒喝咖啡時，你都會非常在意它。

第一次學做這個東西時，你會想：「要怎樣才能更快上手？」若是已經在執行，你可能會想：「下一個階段該做什麼才好？」做自己喜歡的事，可能還需要努力不胡思亂想，但也不用刻意記住它。

2. 要是有人勸你別做，你還會繼續嗎？

如果設定的副業目標是要做會讓自己心動的事，那麼光想像就令人十分開心。不過，如果有人跟你說：「做這個要幹麼？別做了，浪費時間。」聽到這種話，你還會繼續做下去嗎？

堅持每天或每隔幾天進行一次副業很不簡單。尤其是在有本業的情況下，存在更多妨礙因素。例如，下班後，你可能只想變成一灘爛泥好好休息，又或是朋友說最近心情不好，想小酌一杯等。想從事副業，就得克服大大小小的誘惑。我們的生活從來就不清閒，所以副業可能會被推到優先事項清單的後面。

剛開始進行副業時，因為想到可以盡情做自己想做的事，所以心情非常雀躍。但問題是，一旦過了這個時期，做到某種程度後，就會覺得這好像不適合自己，事情也沒什麼大進展，因而逐漸失去熱忱，倦怠期也跟著找上門。

這時要重新思考一下，是哪個部分沒那麼有趣了？為什麼進展緩慢？有沒有和一開始不一樣的地方等。

當計畫不如預期，且情況越來越頻繁時，通常會感到自責，曾經令人期待的事如今變成沉重的包袱。但本來該做的事就多如牛毛，或多或少會發生無法預期的狀況，這些都要事先考量進去。

這樣的話，還要繼續進行副業嗎？你有信心在做完該做的事後，還有心力埋首於想做的事嗎？我認為，至少要有當出現十道障礙物時，要破七道，這樣程度的覺悟才行。

3. 執行副業的過程中，你能持續感受到成就感嗎？

即使你選擇了符合前面兩項標準的副業，有時也可能越做越不順，或是好不容易戰勝想休息的心情開始執行，結果那天卻沒什麼收穫。越到中、後半場，危機越常找上門，初心逐漸褪色，變得模糊不清。這時，最重要的是，**將目標分得更細一點或降低標準**，使自己在過程中也能感受到成就感。

前面提過，我在準備留學時，考了兩次英文測驗，但依舊沒拿到理想分數。當我想放棄時，在補習班和讀書會認識了擁有共同目標的人。我把「錄取」這個標準，轉換為在作業和模擬考中拿到「一定分數」的小目標後，成功找回了遠離我許久的意志。

意志很難維持，所以大家才會說「不要失去初心」。要是人類能輕鬆保持初心，大概就不會有這樣的說法了。

每個人產生動力的方法、感受成就感的基準各不相同。如果你想知道自己會因哪種成就感產生動力，可以看看美國心理學家大衛・麥克利蘭（David McClelland）的「成就動機理論」（Achievement Motivation Theory），分別為成就需要（編按：Need for achievement，希望做到最好、爭取成功）、親和需要（編按：Need for affiliation，建立友好親密的人際關係）、權力需要（編按：Need for power，不受他人控制、影響，或控制他人）。他說明了每個人重視的不盡相同，一起來了解自己屬於哪種！[2]

1. 成就需要

- 在挑戰和克服困難的過程中，找到了強大的內在動力。
- 為達成目標，徹底評估風險後再行動。
- 希望定期獲得成就感及成果回饋。
- 偶爾喜歡獨自工作。

2. 親和需要

- 希望隸屬於某個團體。
- 希望在組織裡一起做想做的事，並成為其中的好成員。

- 比起競爭更愛合作。
- 不喜歡有風險或充滿不確定性的狀況。

3. 權力需要

- 期望對他人行使自己的影響力，或指導他人。
- 當起爭執時，必定要贏。
- 享受競爭。
- 覺得地位與名聲非常重要。

如果你是「成就需要」的人，可以創造一套檢視自己成果或成就的框架。制定一定標準後，便能檢視成果，用數字呈現成效將會更有幫助。

倘若你是「親和需要」的人，可以試著加入進行同樣副業的群組，或參與關心類似議題的人舉辦的讀書會。同時，我也建議你定期分享副業進度，並尋求同好的回饋。

要是你屬於「權力需要」，則可以試著邀請一些人，並由你自行主導副業！若能引領群組又互相幫忙，一定能再次產生動力。

個人本業的強度、工作量、身體狀態等，也許天差地別，但每天可以使用的能量幾乎是固定的。此外，我們本能的追求舒適。因此，很少有人能嚴格按照時間表和時間進行副業。

我們必須了解自己的特質。人和機器不一樣，會依情況不同做出不同判斷，有時也會受到心情影響。與其為這種變動感到自責，反倒應該理解這個特質，並做出適當處置。

重要的是不放棄，持續做下去。每天累積一點，最後必定能影響未來。今天不想做，等到明天還是得做。若不如此，放棄的機率就會越來越高。今天休息了，明天也會想休息，明天休息了，後天依然也想這樣。

要是中途放棄該怎麼辦？並不是放棄了這項經驗，它就失去價值，領悟到「這不適合我」，也是很大的收穫，只是不要因為懶惰而停手，**只有認真試過的人才有放棄的資格**。

總之，副業的兩項關鍵是「做內心想做的」和「創造能穩定持續的方法」。

兩者缺一不可，否則很難成功。

我曾因別人做副業看起來很酷，所以就跟著開始做，或是希望被他人羨慕而從事某項副業，最終都以失敗收場。起初因有興趣而執行，但那其實不是我想盡全力去做的事，過了一段時間後，就會覺得和朋友聚會或做其他事反而更有趣。

回想目前為止我嘗試過、放棄的眾多副業，雖然各有各的理由，但本質大都一致。請各位務必記住兩件事情：做使自己心動的事，以及保有持續做副業的意志力！

2 工作不是認真做，是聰明做

每個人都想靠做自己喜歡的事謀生。然而，由於現實問題，並不是每個人都能隨心所欲做自己喜歡的事，不過，也不必因此感到怨恨。

只要好好調整自己，維持擅長的事和想做的事之間的平衡，也就是靠「擅長的事」做出成果賺錢，其他時間就能盡情享受「想做的事」。那該如何保持平衡？即便是一開始滿懷期待，當有一天受到金錢束縛後，心態就會逐漸麻痺。

起初我用皮革做皮包時，因為很好玩、有趣，所以縫製到半夜也意猶未盡，但在接到客人的訂單後，製作產品的趣味就少了一大半。除了錢，我找不到做這個包的理由，而且我對它沒有任何感情，因為我認為它很快就會從我手中離開。像這樣，當出現樂趣以外的其他原因時，開心程度自然也隨之下降。

如果靠該做的事能使生活過得寬裕，那麼你在做自己想做的事時，就能拋下「如果出了問題，我就完蛋了」的想法，變得更加輕鬆、自在。當你是因有趣而做時，才能樂在其中並繼續堅持下去。

如果給你自由時間，你想做什麼？想做喜歡的休閒活動或運動？想培養自身能力，讓自己在公司工作更順利？還是想兼職增加收入？抑或是想花更多時間陪伴家人？無論選哪一種，不妨想想其中的原因！

在第一次見面的場合，通常會向他人介紹自己現在正在從事的職業或事務。

「大家好，我叫○○○，我會製作廣告文案。」

「大家好，我是一名正在準備國家考試的學生○○○。」

由於職業會對我們的生活造成諸多影響，因此可以藉此推測這個人的個性和特質。這種影響力可能會造成「職業病」，或是創造出那個人獨特的氛圍。以我為例，身為設計師，無論使用哪種手機App，我都會思考為什麼會這樣設計？研發它的公司又是如何組織和協作？

上班族通常會在公司待八小時左右，等於是把固定時間賣給公司，而公司則是購買一個人一週約四十小時的時間。雖然每天花許多時間在本業上，但剩下的時間，可以用在學習、興趣、家庭及社交活動、休閒、健康等各式各樣的領域上，讓自己成長。因此，我認為，職業只能說明一個人的部分個性。

對於「每天奉獻八小時給公司，剩下的時間應該創造並發展自身主體性。」這樣的說法，你可能不同意。甚至可能會說：「現實和理想是有落差的。有時我要加班，還有公司聚餐……這些都是屬於業務的其中一環，不可能不做。」

把一天八小時的工作時間管理好也是一種能力，我們應該思考一下，為什麼需要加班？是不是攬下過多的業務量？或參與許多不必要的會議，導致浪費時間？還是花了比預期還要多的時間處理事情，而不得不加班？

如果你攬下過多業務，首先必須懂得拒絕；如果你覺得某個會議不必要，那應該詢問自己是否一定非得參加。如果經常發生處理工作的時間比預期的還長，就要思索工作方式或效率是否需要改善。

檢視自己的工作流程，去除不必要的階段或重複性作業，也可以和主管面談，討論如何減少業務量。

如果想掌控自己，就必須能夠控制時間。大部分人都沒時間，生活既忙碌又疲憊。但當你開始套用自己的準則時，你會驚訝的體會到自由，並更接近你想要的生活。

能力不足，卻特別積極的人最可怕

以前抱持為公司粉身碎骨、誓死效忠、隨叫隨到的時代已經過去。最可怕的人是「能力不足但特別積極的人」。他們總是幹勁十足的攬下很多活，結果卻給別人添了麻煩，自己還渾然不覺。

只用工作時間長短判斷業務能力的時代也已過去。同樣一份工作，一個人能在短時間內迅速完成，另一個人則要花上很長時間，前者自然會獲得更高的評價。當然，在某些情況下，企業文化可能並非如此。

站在企業的立場，時間就是金錢，自然重視能在短時間內，乾淨俐落的處理完重要業務的人才。假設坐在位子上的時間很長，工作速度卻明顯很慢，就應該列為關注對象。

我在谷歌工作時，也曾看過人人稱讚「做事非常聰明」的人。與其說他們擁有出色的能力，倒不如說「他們處理事情非常有成效」。

他們能在更短時間內處理完其他人要花八小時處理的事。因為他們懂得區分什麼事需要專注、什麼事不需要，只將注意力放在關鍵上。此外，他們精準了解到對方的要求及需求，因而減少一些不必要的過程，這種能力令他們能迅速升遷。

除了工作，我們還應該有自己的生沽。積極管理工作時間，能讓我們更加平衡工作和生活，從而充分發揮自己的潛力。

3 如何尋找適合自己的副業？

有時人們會問我：「如何才能找到自己想做的事？」副業基本上得是自己喜歡，才能持續進行下去。勉為其難的做，可能連一個月都很難熬過。那麼，你或許又會好奇：「該怎麼找到自己喜歡的事？」只要回答出以下問題，就能獲得一點提示。

- 平時喜歡看什麼類型的影片？
- 你和其他人談什麼主題時，會聊到眼睛發光？
- 你周圍是否有人靠喜歡的事做出巨大成果？

這時，回顧過往的自己通常會很有幫助。從最近搜尋的關鍵字、加入的社團、YouTube 的推播影片等，就能看出你正在關注哪些議題。這些資訊可以看出自己對什麼事感興趣，以及把時間花在哪些主題上。

舉例來說，如果你喜歡料理，當你在餐廳用餐時，會進一步思考「這道料理是怎麼做的？」又或是你喜歡音樂，可能會特別留意街頭播放的音樂。

如果只是隨便想想，而非採取積極心態思索，絕不可能明白自己喜歡什麼。即使你隱約知道，卻也沒辦法百分百肯定。

未曾深入思考「我喜歡什麼」，就像沒有親自品嘗牛排，只靠腦袋想像其滋味一樣。就算你問別人「牛排是什麼味道？」別人回答「可以吃到滿滿肉汁和濃郁肉香」，你也無法實際感受到。但當你一口咬下牛排，馬上就能明白：「啊，原來說的就是這個意思！」想了解牛排的味道，光在腦海中想像是沒有用的，唯有自己吃過才能懂。

同理，如果想知道自己喜歡什麼，最重要的是，將想法化為行動。直接體驗一直以來憧憬的事物，是了解自己個性和喜好最確實的方法。不去親身嘗試，只想用腦袋了解自己的特質或喜歡事物的心態，就如同期待不勞而獲一般。

我曾一度很羨慕機車騎士，想像自己有一天也能奔馳在美麗的大自然懷抱中。在考到機車駕照後，我迫不及待騎車馳騁。然而，騎超過一小時後，因緊張導致肩膀僵硬，累得像是做了很久的高強度運動一樣。

起初我以為是摩托車的問題，四年間陸續換了五臺機車，但結果都差不多。最後，才終於明白我並不適合騎機車，實際上騎車也沒有給我帶來太大快樂。想騎機車，就得享受刺激感、控制內心恐懼，但我的膽子沒大到能駕馭它。當出現彎曲路段時，我重視安全更勝於享受刺激感。理解這點後，我就再也沒騎了。

要是我不親自體會，估計內心還是很渴望騎機車。因為試過了，所以了解這件事不適合我，就是最大的收穫。要是你也有想嘗試的事情，別再猶豫了，去挑戰吧！試過才會知道是否適合自己，也才能了解自身性格。倘若你仍無法從自己的過往找到副業主題，那麼，你可以參考下列清單和實踐方法：

1. 提高身價

你喜歡現在的本業嗎？你想把這份工作做得更好嗎？為什麼想做得更好？

矽谷人通常兩、三年左右就會跳槽到別間公司。如果在目前的公司做出一番成果，便可以藉由離職拿到更高的年薪。因此，他們會時刻提升自身技能，認真製作作品集，四處面試。

即便你尚未打算辭職，但若把做副業的時間全都拿來投資在本業，應該也能比其他人更快升遷。要是你曾考慮過這麼做，可以參考以下方法：

方法一：每天花一小時學習能提高工作成效的技能。

每種工作總會有新技術，有一些方法可以訓練硬實力，例如，新的程式語言、設計工具。也有一些方法可以提升軟實力，例如，簡報和協商技巧。為了能在下一階段提升身價，得好好想想哪些技能最有效果，然後付諸行動！

每天多投資一小時，一個月就有三十小時，一年就有三百六十小時。一年，不，只要投資六個月，就能在那個領域成為更優秀的人。

方法二：尋找能提高效率的方法。

如果想有效執行業務，重點在有系統的操作。創造出將寶貴時間運用在目標上的規範吧！可以使用OKR工作法（參考第一二〇頁），或是研究如何維持效率，在一定時間內，盡可能做完重要的事，創造此規範也是一種訓練。

方法三：見見已實現目標的人。

世上沒什麼新鮮事。當你開始想做某件事時，通常那個領域早已有人做出一番成果了。你可以把和那些人見面設為副業目標，也許可能要花很多時間和努力，但能讓你成長更多。若公司裡有你尊敬的對象，你可以花三十分鐘和他喝飲料、聊天，並聽取意見，也可以透過離職到新公司、領高薪的前輩或朋友的經驗，多加學習。這種做法能使你產生自信，認為「我也做得到」，也因為是以親身經歷開拓的路，能盡量避免失敗。

拓展職涯的方法有千百種，人人各有不同。客觀評估自己目前的職位與目標，並且好好思考應該如何運用其他人的訣竅！

不一定非得是公司的職業。盡可能脫離企業角度，以個人視角看待生涯。希望各位可以試著推動只有自己能做的，最具有影響力的副業。

2. 創造第二份收入

父母世代認為，進入好公司就是一種成功的象徵，而且要待得越久越好。但這種時代已經過去了，現在有很多人為了達到財富自由而努力。隨著年紀增長，更要使「資本所得」與「事業所得」超越「勞動所得」。年紀越大，身體就越衰弱，也代表時間價值越低。因此，最好的退休準備就是，打造一個就算不用花時間，也能賺錢的結構。

從自己感興趣的領域著手執行副業並創造收入，將會是令人難忘的經歷。例如，藉由開設 YouTube 頻道、撰寫電子書、做小規模生意等，創造收入。

前面介紹的經營 Airbnb，也是由於我改變了旅行模式，才想到的副業主題。以前我總是忙著造訪各種知名觀光景點，現在則是較偏好到遠離城市的地方，舒服住房、放鬆休息。我很肯定，一定有　群和我志同道合的旅客。

雖然這個副業相當成功，但我也有過很多失敗的經驗。創造第二份收入的副業，比想像中更有難度，很難一次達到令人滿意的結果。Uber 剛在美國出現時，我也曾用我的車子載客。不過，車子開久了並不會累積什麼訣竅，且單靠車資也沒辦法賺到多少錢，所以最終我決定放棄。

建立生意或系統皆要花時間、心力，還有耐心等待。開設 YouTube 頻道，也要抱持最少一年內可能沒有收入的覺悟。經營民宿初期，也要放棄會有固定收入的想法。看別人做出的成果都會覺得很簡單，但其過程絕對不是一帆風順，壓力一定如排山倒海。親自去闖蕩，總會找到出路，無論大小，總能做出成績。研究股票、不動產、拍賣、考證照後再投資，也許是不錯的替代方案。

3. 創造興趣，擴大生活圈

拍漂亮照片、跳舞、挑戰馬拉松、唱歌等，你可能會透過媒體或身邊的人對這些領域產生興趣。目的就是要培養好奇心，並且學習。就算不會為自己帶來太多經濟效益，也能使生活變得更豐富。對我而言，興趣能讓我忘卻本業的時間。有了這些時光，才能更集中在本業上，這和小別勝新婚很類似。倘若你的副業主題是創造興趣，請參考下列建議：

建議一：尋找線上或實體學習的地方。

YouTube上有眾多課程，現實生活中也有各式各樣的課程可以上，基本上都可以找到所有領域的學習資料。

如果難以實踐，上付費課程也是一種方式。砸錢後，會更認真學習。

建議二：和其他人一起從事愛好活動。

自己一個人，趣味程度和續航力可能會遇上瓶頸。如果和其他人一起做，就會想在群體裡表現得更好，也願意投入更多時間和努力。

舉例來說，如果你的興趣是做料理，可以招待家人或朋友來家裡一起吃飯。

假如你喜歡彈奏樂器，那麼可以加入樂團和其他人一起演奏。

當自己從事某興趣活動時，可能會碰上不管怎麼練習也毫無進步的停滯期，也會越來越傷腦筋。遇到撞牆期，一個人很難堅持下去，有可能就此放棄。但如果能和其他人一起，便有人傾聽你的煩惱，一起解決問題，也能持續下去。

建議三：思索是否能靠興趣創造收入。

當愛好達到某個程度時，也許就能創造收入。雖然獨自一人或和其他人一起都很有意義，但如果可以賺錢，會更加滿足。人們願意支付金錢給有價值的事物，如果自己的興趣能幫助人，那一定倍感驕傲。

建議四：決定具體目標，設定期限。

目標必須非常具體，像是六個月內做出一張專屬桌子、三個月內製作出寫真作品集、一年內創立樂團，並進行免費演出等，定好期限才有可能執行。

尤其是，若能和其他人有所連結那就更好了。例如，告訴自己尊敬的老師，要親手做一張木桌給他；或是好好練習唱歌，之後在朋友的婚禮上獻唱，這些約定皆能使人更積極。

興趣是「為了獲得喜悅而非金錢利益的事」，並不是為了像專家，而是「樂在其中所定期從事的活動」。即使無法創造收入，至少也能舒緩在本業中受到的壓力，恢復疲憊的身心靈。最大的優點是，你在那段時間很開心。

剛開始一項新的興趣時，每天都能看到進步，會感到非常有成就感。但是，當達到中等水準後，即使不斷練習，也感覺不到明顯的進步，就會產生「我做這個有什麼意義呢？」的懷疑。然而，要想成為高手，就必須接受困難是正常的，並重新振作起來。

若在新手時期中途放棄，未來它可能就會離你很遙遠，甚至你還可能說：「我何時有過這種興趣？」一旦你變成高手，身體自然記得，必要時，你也能重新做回那件事。我想，世上再也沒有比擁有一項一輩子的興趣，還更有趣的了。

4. 鍛鍊身心靈，打造健康生活

人們常說：「失去健康等於失去一切。」在這裡，我不想過度強調健康，而是從「健康是一切的基礎」的角度來看待它。

一旦你養成了定期運動的習慣，對健康飲食習慣的興趣自然就會產生。如果你的飲食習慣健康，日常生活就能充滿活力。當你精力充沛的度過一天，你的生活動力就會增強，學習意願也會增強。這種態度會帶來事業上的成功，讓生活過得更加豐富，並帶來穩定和自由。

這樣的健康生活會帶來下一個變化，就像骨牌效應一樣，而這種變化會帶來其他變化，最終會帶來財務自由。你可能會覺得這太跳脫常理，但若以個別階段來看，便會有人不禁點頭贊同了。

大變化從小步伐開始，這個開端就是維持身體健康。持續下去才能讓生活產生變化，這並不容易，但以下訣竅應該會對你很有幫助：

訣竅一：什麼是健康的生活？

每個人對健康的定義不同，有些人是體脂肪必須落在多少百分比以內，有些人則認為，只要能花一點時間冥想，消除壓力即可。

你定義的健康生活又是什麼？這個問題不能僅僅透過觀察外在身體來回答。它是增加每天可用能量，並引領你的生活走向更好方向的第一道關卡。

訣竅二：記錄下來。

維持健康非常耗時，也很難感受到成效。即使持續運動，要直接看出身材變化，據說至少要六週到八週。有時，一定會懷疑自己花的努力和時間究竟有沒有價值。因此，記錄下測量結果很有幫助。寫日誌追蹤成果，就能了解自己付出的心力帶來什麼樣的變化。

訣竅三：注意健康帶來的變化。

如果現在精神疲憊，不妨先照顧好身體；如果身體疲憊，不妨先修養身心。身心相連，密不可分，它們會不斷的互相影響。

為了保持健康而做的小習慣，將來會像骨牌效應一樣，對生活造成多重層面的正面影響。不僅能提升工作成績，還有助於改善和家人或配偶的關係。觀察正向變化的日常，努力讓這樣的健康生活持續保持下去！

你想從哪個領域的副業開始嘗試？副業主題可以調整，不需要太過深思熟慮。只要鞏固好本業，生活無虞，自然就能自由嘗試不同事物。不必因為嘗試了以後發現不適合自己而感到挫折，失敗了也沒關係，世界上還有無窮無盡的副業。但重點是，別只是空想，要去實踐。沒有行動，就什麼也不是，沒有什麼事是光靠想就能辦到。

我希望各位不要太深入思索，而是先開始行動，也期望各位相信感覺而非分析。必須覺得副業有趣才有辦法做得下去。只要願意嘗試，就有很多可以學習的地方。期待各位能選出最有意義又有趣的副業。

4 賺大錢是夢想，不是目標

人們有時可能會設錯目標。很多人立下「賺大錢」、「變成好人」之類的目標，但各位要想，這些一點也不具體，而且根本不知道該從何做起。與其說它是目標，倒不如說是夢想才對，因為根本不可能做到。

以「賺大錢」為例，就得想具體要賺到什麼程度，並從現實角度來看何時能達成？「成為好人」也是如此，必須思考要成為對誰而言的好人，判斷好人的標準為何？換句話說，要讓抽象的東西變得具體，這樣一來它才能執行。

如果你不想讓這些事情只是夢想，你希望它們是目標，就必須確切了解自己現在和目標之間的差距。**所有的目標，都來自對現況的不滿。**

- 現況和達成目標的理想狀況之間差距有多大？
- 能實際量化嗎？

● 為達成這個數字，有沒有更細、更具體的執行辦法？

谷歌設有一些鼓勵並管理員工的系統。這套系統能讓職員明確知道自己進行的業務和公司願景相關度有多少，以及該如何做出貢獻。因此，即便負責的業務看似微不足道，也能輕易了解這件事對公司大有貢獻。

其中，OKR是取自目標（Objectives）和關鍵結果（Key Results）的縮寫，目前谷歌每一季初都會做這件事。

每組領袖會在新的一季開始前，寫一份OKR，取得上級簽核後，轉達給底下的員工。此系統協助所有成員都能互相產生共鳴，分工協力達成共同目標，並且可以預測這一季結束後會產生什麼樣的成果。

為了建立OKR，谷歌高階主管會從多個角度考量公司優勢、市場浮動狀況、專案行程及效率等各項因素，也會歷經多次討論及評估。

不只是主管，還有整體企業目標繼續往下延伸的產品（YouTube、谷歌搜尋引擎等）、研發各種產品，甚至是每組成員等，都因OKR而緊密連結。

為什麼要花這麼多時間和努力在設定目標上？這是為了使公司一致朝向同個

方向前進，也讓所有成員皆能協力達成目標。

為了回答：「這個目標究竟是不是現在最重要的目標？」許多人從多重視角評估，驗證執行的可能性。此外，也試圖確認這個目標是否有價值，分析市場狀況與產品現況。公司上下為建立有價值的目標，也為了實現而傾注全力，由此可看出建立正確的好目標有多重要。

谷歌成功法——設定目標系統

谷歌使用的設定目標系統ＯＫＲ，不僅對組織，對個人來說都是非常有用的工具。這套系統是創辦人賴利．佩吉（Larry Page）和謝爾蓋．布林（Sergey Mikhaylovich Brin）在當時投資谷歌的約翰．杜爾（John Doerr）的推薦下導入的，當時他們正在考慮一種有效的方法來設定業務初期的目標。這個系統從那時開始，至今已被所有谷歌員工廣泛使用。

ＯＫＲ被公布在公司系統上，只要你想，隨時都可以查看。每一季組織需要達成的目標和關鍵結果都公開、透明，檢視成果也十分簡單。

現任谷歌執行長桑德．皮蔡（Sundar Pichai），是運用ＯＫＲ相當有名的案例。二〇〇八年，皮蔡還在 Chrome 瀏覽器部門，當時他的ＯＫＲ目標（Ｏ）是：「打造 Chrome 成為世界最佳瀏覽器。」

那麼，他的關鍵結果（ＫＲ）為何？一般大都會以使用時間或點擊連結次數等各類指標，但他卻設定為「使用者人數」，因為他認為，如果 Chrome 是世界最佳瀏覽器，就必須是最多人使用。換句話說，他下了「世界最佳瀏覽器＝最多人使用的瀏覽器」的定義。

第一年，他的團隊設定目標為兩千萬人，實際上只達到一半。隔年，他們將目標提升為五千萬人，只達成三千七百萬人。最後一年，他將目標設成一億，結果卻超出預期，擁有一億一千萬名使用者。

連兩年都達不到成效，大部分人可能會選擇降低目標。然而，他一心一意想打造世界最佳瀏覽器，最終也成功達到他設下的目標。

也許，他一開始就認為，「世界最佳瀏覽器至少每年得有一億人使用」。又或者，起初他可能覺得設定一億名使用者的目標太不像話，所以才把目標調降為兩千萬名。他並不是看結果來修正目標，而是設定目標後，一步步登上可能實現的臺階。

長時間推動一項目標絕非易事，需要有決心達成目標的強烈意志，並努力不懈。正確設定目標和數值，則會讓努力有所價值。

好的ＯＫＲ替你期待的抽象目標下具體定義，協助你設定有效的數值。並且，幫你改變目標型態，變得更有可能實現，無論是要花上幾年的專案或艱難的目標，都有機會達成。

將ＯＫＲ套用於日常

「世上有太多認真工作的人，但他們卻只達成小小成就。」

——英特爾創辦人安迪．葛洛夫（Andy Grove）

葛洛夫是ＯＫＲ的創始者，將英特爾的企業價值由四億美元提升到一百九十七億美元。ＯＫＲ並不只是為了讓人認真工作才想出來的。這是將焦點聚集在重要業務上，刪減不必要事務的方式，既能減少工作量，又能讓員工集中精力，做更多事情。

如前所述，ＯＫＲ是目標與關鍵結果的合稱。「目標」是想達成某種目的的實際對象，它必須是最重要、最具體，能激發靈感。好的目標得以和具體行動連結，並不會因各自解析方式不同，而對其他共享目標的人造成混亂。

「關鍵結果」是在接近目標的過程中，為了檢視狀態所設定的數值。這項數值應該具挑戰性，又要現實可行。必須有明確的達成期限，有具體數據得以驗證，讓專案結束後，不須煩惱「這樣究竟是達成，還是失敗？」如果達成目標與否，會因解析數據的空間相異，或者是猶豫這算不算達成等，就難以視為好的關鍵結果。

各位可以看看下面的例子，思考如何將ＯＫＲ套用於生活中。

1. 修正前的目標

離職到一間比現在更好的公司。

這項目標需要再修改一下。好公司，究竟指的是怎樣的企業？這裡需要定義比現在更好的公司代表什麼，要更具體且明確。

- 現在，我對公司有什麼不滿，希望改善哪些地方？
- 我對目前的工作不感興趣嗎？
- 我認為，一起共事的同事身上沒有值得學習的地方？

也就是說，「好公司」一詞有相當多解釋空間，所以在達成目標的過程中，很可能自己也被搞混。每當公司狀況改變，就容易受影響，左右搖擺。

另外，「好公司」標準也很主觀。例如，跳槽到Ａ企業，有人覺得他成功了，有人認為失敗了。

不僅如此，這個目標也沒有設定期限。除了要有具體期限，也應該一同思考：「我在今年內達成目標的可能性有多少？十年後才實現的話，也能算是達到目標嗎？」

2. 修正前的關鍵結果

- 每天花兩小時找工作。

- 努力維持健康。
- 透過人際關係打聽哪些公司正在徵人。

完成工作後，執行與否或成功與否必須能夠清楚的識別，並且要是可衡量的。因為設定關鍵結果本身就是要關注結果，而非行為。因此，應該集中於結果，而不是行動。

舉例來說，應該圍繞「希望透過轉職達成什麼結果」來寫，而不是僅僅寫「每天花兩小時找工作」。「努力維持健康」雖然間接的可能對轉職有幫助，但它與轉職沒有直接關聯。因此，將努力維持健康作為目標的關鍵結果並不適合。

接著我們來看修正後的OKR範例。

3. 修正後的目標

二〇二四年九月前，我要藉由跳槽，將自己身價提升二〇％。

目標是「要達成什麼」的答案，因此必須具體，其結果也要能影響人生。目標能連結生命價值，並且越明確越好。概括這些內容，大致分成以下幾點：

- 要做的事必須非常明確。
- 對我的人生有重大影響，且能刺激自己。
- 設定達成期限。

設好目標後，等專案結束、由第三人評估時，就能判斷究竟是成功達成目標，抑或是失敗。

4. 修正後的關鍵結果

- 寫出想辭職的理由，以及期待在下間公司獲得的三個關鍵字。
- 完成履歷及設計作品集，並請三名友人幫忙看過後，給予回饋。
- 應徵二十間以上的企業。
- 在十間以上的公司進行最終面試。
- 最後和三間以上的企業洽談比之前多二〇％的薪資。

關鍵結果是「要怎麼達成目標」的答案，它必須能被測量，並對達成目標有幫助。

重要的不是行為，而是結果。諮商、有助於、分析、進行等字眼，著重於行為，所以不能只寫「完成履歷及設計作品集（以行為為主）」，後面還得加上「請三名友人幫忙看過後，給予回饋（以結果為主）」。

此外，關鍵結果還必須是可測量。比起「應徵其他公司」，「下個月底前應徵二十間公司並得到回覆」，才是更好的寫法。日後，若沒能做到，要記得適時調整。

如果你想檢視ＯＫＲ設定是否適當，可以參考下列清單：

- 如果你設定ＯＫＲ時，花不到五分鐘，那很可能不是優良的ＯＫＲ。請再好好思考一下，看有沒有改善空間。
- 目標無法用一行字概括，那可能不夠具體。好的目標不需要其他說明。
- 決定完成期限。要是每一季都重新建立關鍵成果，期限皆為每一季最後一天，那有跟沒有都一樣。

- 關鍵結果並非以行為為主，而是結果。例如，你的目標是離職，關鍵結果則是製作設計作品集的話，比起製作作品集，更重要的是「作品集帶來的成果」。假設你的目標並不在跳槽，而是想打響知名度、宣傳作品集，不如把關鍵結果設為「在〇〇網站舉辦成果發表會」。
- 持續了解關鍵結果和目標的相互關係。要是你持續達成關鍵結果，卻沒感覺自己慢慢靠近目標，那麼你很有可能設錯關鍵結果。

當你設定好OKR，接下來就需要定期檢查關鍵結果。一週最少確認一次自己是否持續努力，照這個狀態做下去，是否能在期限內達成目標。評分方式由個人自行決定。

谷歌裡有些單位以紅綠燈（綠燈、黃燈、紅燈）評估，有些單位則是用百分制打分數。我個人比較偏好在關鍵結果清單用紅綠燈方式評分，因為這可以馬上直覺反應是否能達成，同時了解哪些部分需要花更多心思。

- 綠色：照這個方式進行下去就能充分達到關鍵結果。

- 黃色：需要比現在更努力。過程可能不太順利，但並不代表不能達成關鍵結果。
- 紅色：執行狀態過於緩慢。可能得考慮放棄這一季的OKR，順延到下一季。必須思考、檢查為何執行狀況不佳、哪些地方受到阻礙？

OKR種類

如果你已經知道如何制定和完善OKR，現在就一起來了解OKR的分類，大致分為以下兩種：

- 承諾型OKR（Committed OKR）。
- 渴望型OKR（Aspirational OKR）。

「承諾型OKR」如同其字面上的意思，在這一季結束時必須達成。要是覺得難以達成，就得有心理準備放棄其他OKR。你可以投入八〇%的時間給這一區塊的ＯＫＲ。

「渴望型ＯＫＲ」則是投資剩下的二〇％時間。即使未能百分百完成，只做到七〇％也沒關係。要是已經超過期望值，應該把目標設得更高一些。

你最想達成的目標是什麼？你希望自己成為怎樣的人？雖然當前的任務很重要，但有挑戰性的目標也同樣重要。我們不能只盯著眼前的小目標，還要有更大的夢想。

你想學習新語言嗎？想學習程式設計嗎？建立一份ＯＫＲ檢視吧！藉由這個過程，你要做的事會越來越清晰，並思考當達到目標的時候，這個結果會如何影響人生。

你可以排出優先順序，更清楚自己的標準，知道應該捨棄什麼，集中精力在哪些事情上。你也會了解，生命中哪些才是自己真正重要的目標及成就。

5 每天聚焦三件事

一天結束後，躺在床上，我習慣問自己：「今天過得好嗎？」如果能自信回答出「嗯，真的過得很充實」，那麼我會覺得自己變成更酷的人，且人生過得非常順遂。不過，當我感覺自己浪費了一天時，就會討厭自己，甚至覺得消逝的時間很可惜。每一天怎麼過，也會影響我的自尊感。越是不虛度光陰，讓生活越有意義，幸福指數就會越高。

成功，既有趣又刺激。如果將人生縮短成一天，成功的一天取決於是否充分利用時間。如同遊戲裡每完成一項任務、角色會升級一樣，當我慢慢實現設定的目標，也會發現自己在不知不覺間成長，而這亦是幸福的墊腳石。

我和大家一樣都是人，很難把所有時間都過得既充實又有意義。有時也會想偷懶，當能量枯竭時，整個晚上什麼事都不想做。相反，有時即使整天坐在書桌前，卻什麼收穫也沒有時，我也會感到自責。

那麼，人究竟為什麼會浪費時間？以下是應徵工作時，面試官及應徵者之間的對談內容：

面試官：「你認為自己的優點是什麼？」

應徵者：「我是個很有熱情的人。」

面試官：「那你的缺點是什麼？」

應徵者：「我的缺點是熱情過頭了。」

應徵者說：「我的缺點是熱情過頭了」有些人可能會想：「好聰明，如此一來，缺點感覺不就變成優點了嗎？」但我的想法有些不同。

熱情過頭是來自於無法決定事情的優先順序，不明白能量和時間有限，高估自己，會策劃超出自己能力以外的事、答應別人自己做不到的事，並且產生各種後續問題。事情堆積如山，看起來總是很忙碌，其中一項特徵就是，沒有把一件事完整收尾。換句話說，他們把能量分散在太多地方，沒有一件事做好。

每個人一天都只有二十四小時，體力上也會遭遇瓶頸。要是準備考試的人說：「我打算一天要念二十小時的書」大家一定會覺得「不可能，你還要睡覺、吃飯，只剩下四小時，就連睡眠時間都不夠了」。

上述就是熱情過頭的最佳案例，把過多的計畫和目標都塞在一天之內，當然不可能達成。因此，我想把「熱情過頭」替換成「掌握自己能力的不足，以及管控時間能力不足」。若這個情況持續下去，將無法達成自己計畫中的任何一件事，導致自信心低落，反而使工作效率更差。

我也曾高估自己的能力，設定做不到的計畫，而感到自責，也覺得越來越不幸福。你必須承認自身極限，建立合適的規畫，同時集中心力在重要的事上，且懂得刪減相對不那麼重要的事。**你需要勇氣和決心來專注於三件重要的事，並對其他說不。**「一切都很重要」與「什麼都不重要」是一樣的。

每天有那麼多事要做，在此整理了一些方法，讓你不會錯過必須做的重要工作，又能爭取時間做自己想做的事，心滿意足的結束一天。

1. 將一天分為三大塊，決定要做的三件事

早上起床或上班後坐在辦公桌前，整理「今天要做的事」清單。如果不加思

索全列出來，可能就會陷入熱情過頭的狀況，因為這份清單沒有時間概念。其中一定夾雜需要花很久時間處理，和只需要一點時間就能處理的事；有高難度和低難度的事，有期限快到的和期限寬鬆的事。首先，把一天單純化。

起床↓早晨固定作息↓上午行程↓午餐↓下午行程↓晚餐↓晚上行程↓晚上固定作息↓就寢。

大致整理出一天的作息後，我們可以工作的時間只有上午、下午、晚上這三個區塊。故最好的方法不只是羅列今天要做的事，而是更進一步思考該如何運用這三個時段。

先挑出認為「光做到此事，今天就算完成了」的三件重要事情。上午、下午、晚上各一件，一天總共安排三件事。

要是你還有時間，與其嘗試做其他事，不如大膽休息。既然今天要做的三件事都已達標，也就沒什麼好可惜的了。

要是某些事情一直沒被選進「今天必須做的三件事」，就得重新考慮不做那件事，否則，你最終會浪費時間，掉進熱情過頭的陷阱，而什麼也做不好。**雖然決心要做事很重要，但決心不做事也很重要。**

因此，我建議制定一個每日計畫：只做三件重要的事情。當你開始新的一天時，你可以有一種輕鬆的心情，「我想我可以做到這一點，對嗎？」而在一天結束時，你會感覺「我今天過得很愉快」。

假如你認為「我能做得更多」，可以提高三件重要事情的難度，或是改設為更花時間的事。

養成建立計畫並執行的習慣。人不可能在一夕之間突然就會演奏小提琴，同理，你也不可能在短時間內掌握計畫和執行的技能。你需要從簡單到困難來完善你的技能，慢慢把這套流程完全內化成自己的東西。

2. 分配時間給想做的事情

有些上班族會開玩笑說：「我的夢想是辭職。」辭掉工作，代表你無事可做，過著沒有意義的生活，這樣真的比較幸福嗎？每個人的生活標準不同，但我認為空虛終究會找上門。

變成多巴胺（編按：dopamine，是一種大腦神經的傳導物質，可以讓人感受快樂，並引發動機、集中注意力）狂人，成天被Netflix、YouTube、Instagram、遊戲填滿的人生，真的幸福嗎？每天看著寧靜大海放空、休息的人生，是幸福的嗎？**如果人生沒有任何義務和責任，休假和休息的意義也將褪色**，最終更將失去工作能量。若能**抱持適當義務感，不做過多的必要工作**，並靠副業做自己想做的事，才能找到成功與幸福的平衡點。

上班族工作的時間一般是早上九點到傍晚六點，但想做的事情通常沒有固定的時間。如果時間沒有固定下來，就容易讓人心生「我等一下再做」的念頭，然後逐漸拖延，很難開始。此外，如果日常中出現越來越多消耗能量的事，某天就會忘記自己究竟喜歡什麼。因此，我們可以在一天之中安排一個固定時間，做自己想做的事。

對某些人來說，可能是安靜的清晨，也可能是結束所有行程後的傍晚時間，亦可以利用中午時段。只要選擇適合自己的就好，至於是什麼時間並不重要，重點是定下時間做想做的事情。

曾在美國海豹突擊隊服役的喬可・威林克（Jocko Willink），在其著作《自律就是自由》（*Discipline Equals Freedom*）一書中寫道：「所有人都渴望自由，但**能通往自由的路全掌握在紀律之下，紀律守護自由，使人能成就更多。**」

最近，威林克上 Podcast 節目時表示：

主持人：「當你覺得沒有力氣，今天好像沒辦法達成某件事的時候，你會怎麼做？」

威林克：「先做再說。就算是我今天真的連看都不想看，我還是會去做。即使我今天真的爬不起來、很不想離開床，我早上還是會起床。或許，這可能是『需要休息』的訊號，但今天還是請不要休息，等到明天再看看。我真的很討厭拖延事情，休息就代表必須拖到明天才能完成。倘若隔天依然想休息，到那時再休息。」[3]

建立每日計畫時，分配好時間做想做的事後，就大膽執行！想做的事不一定要是學習理財或英文等，具有建設性或是對未來有幫助的事。

世界上有趣的事太多了。和家人度過愉快時光、閱讀感興趣的書籍、演奏鋼琴等，一件件嘗試過後，你就不用再擔心「我是誰？」、「我喜歡什麼？」的問題。因為我喜歡的東西造就了未來的自己，而充滿我喜歡的東西的時間，回答了「我是誰？」的問題。

倘若你想更了解自己，並希望你的未來充滿喜歡的事物，這時，你必須離開床，**行動才是真正改變自己、證明自己的唯一方法。**

3. 不隨波逐流，自行主導

無論是上班族或做生意，能做出一番成果、自信過生活的人，大都能主導自己的人生。有必須做的事情時，不會偷懶，懂得違逆本性，阻止一切消耗時間的狀況發生。他們懂得區分重要與不重要的事，在重要的事面前，他們比任何人都認真、熱情，覺得不重要的事，連看都不看。

突然被交付的事，大部分皆是別人指使或與自身無關。若想成為主導自己人生的人，首先得具備說「不」的勇氣。當事情超出自己能力範圍，需要懂得拒絕，就連沒意義的聚餐也是。

在此還有一個重要的前提，那就是明白什麼事重要，並集中心力在那，這也就是為何要拒絕不重要的事的原因。

「如果你不在生活中思考，就只能隨波逐流。」我們必須時刻思考自己想要的是什麼，現在做的事怎樣才能對人生有助益。若不如此，將被惰性給束縛。

如果躺在床上時，你能感受到「今天過得很棒」，並引以為傲，那就夠了，並不需要認真工作到足以改變世界。想一想自己在做什麼時最幸福、有多常做這件事就可以了。

有了這種生活態度，就能回答出「我是誰」的提問。當經歷挑戰、失敗、挫折、成功這些滋味後，就能明瞭「原來我喜歡這個」、「那件事真的不適合我」，並更努力做自己喜歡的事，之後也會留下「原來做這件事讓我很幸福」的認知。

打開心房，刻意花時間打造專屬副業，就會發現自己在什麼時候最幸福。反覆幾次之後，將能創造一個屬於自己的未來。

6 我在 Google 學到的時間管理

進行幾次副業後，收穫最大的是引領整個專案前進的能力。無論是什麼主題，我都能將抽象問題分解為具體的行動項目，並將其納入專案進度計畫。這個方法不是從哪學來的，而是我做過幾次副業後，想出的最適合我的方法。

我嘗試應用現有的專案管理方法和專業知識，雖然不是一〇〇%有效。然而，它提供了一個很好的框架，並成為尋找適合我的方法的起點。接下來介紹的方法對每個人來說可能不是最有效的方法，但就像訂製服裝一樣，希望大家在參考後，可以找到適合自己的方法。

然而，找到適合自己的方法並不意味著結束。如果發現仍有改進空間，則應積極審視並根據專案特性調整方法。

我管理專案時會使用筆記軟體 Notion。通常公司會將一年分為四個季度，每個季度三個月來管理，我個人也採用這種方法。這樣可以更輕鬆的盡快設定可實現的目標，也可以找到馬上可執行的事。

OKR日程管理

我每三個月會設定一次OKR，做這項工作通常花我一小時至兩小時。這是能檢視自己的重要時間，過程中，我會思考以下兩個關鍵問題：

- 我的方向正確嗎？
- 我是否把時間和精力用在重要的事情上？

左頁圖3-1是我做的 Notion 模板範例。因為這無法直接修改，各位可以複製模板到自己帳戶即可。請掃描圖3-1中的 QR Code，看看我的OKR模板（編按：原模板為韓文，圖為修改成中文後）。

圖3-1是OKR模板目錄和第一項學習點（Learning points）。Learning points 並不會在開始新一季之前寫好，而是隨時寫下新學到的或領悟到的東西。如果在

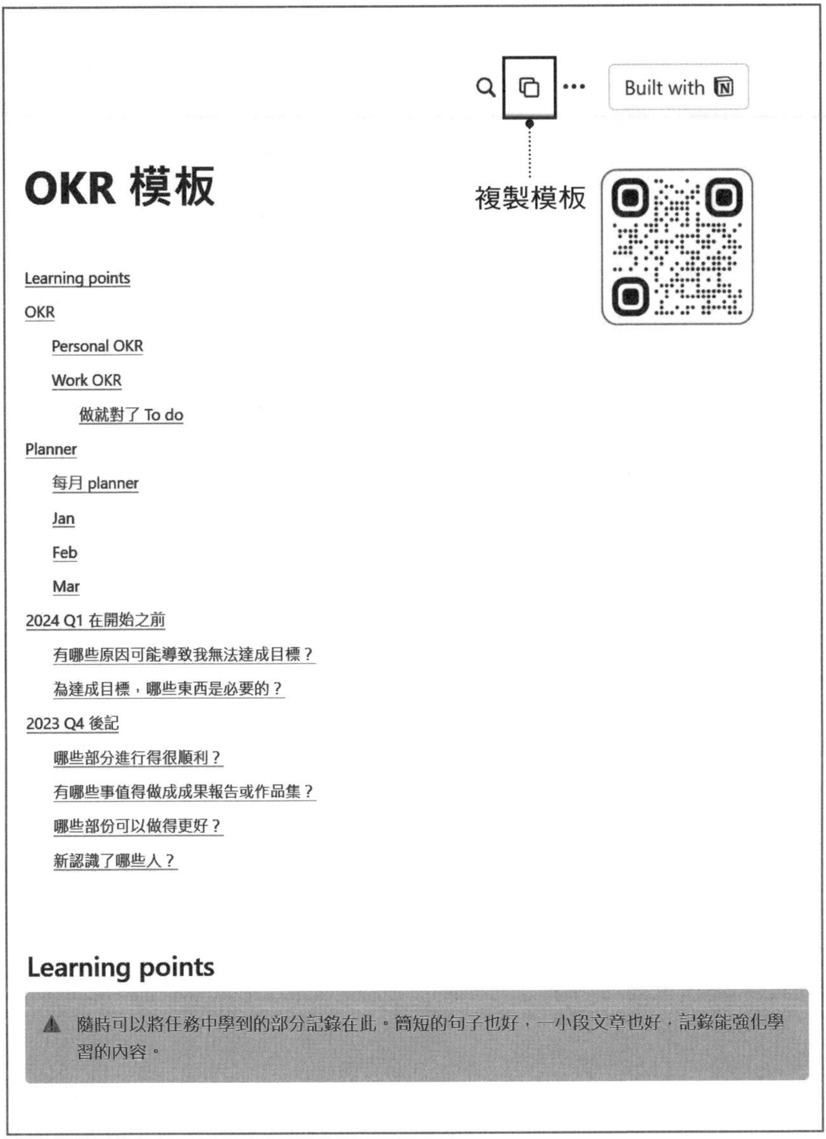
Built with
OKR 模板
複製模板
Learning points
OKR
Personal OKR
Work OKR
做就對了 To do
Planner
每月 planner
Jan
Feb
Mar
2024 Q1 在開始之前
有哪些原因可能導致我無法達成目標？
為達成目標，哪些東西是必要的？
2023 Q4 後記
哪些部分進行得很順利？
有哪些事值得做成成果報告或作品集？
哪些部份可以做得更好？
新認識了哪些人？
Learning points
隨時可以將任務中學到的部分記錄在此。簡短的句子也好，一小段文章也好，記錄能強化學習的內容。

▲ 圖 3-1　學習點，可在此隨時寫下新學到的或領悟到的東西。

會議中有感覺到不足的地方，就寫下值得學習的地方；在和主管面談時，若有學習到新的職涯體悟，也可以記錄下來。

例一：當你坐在電腦前時，不要毫無想法的工作，先想想看要做哪些事，否則，你只會想做簡單的事，而浪費時間在網路上搜尋。

例二：任何人都有值得學習的地方，只是想不想學罷了，不要戴有色眼鏡看待他人。

例三：參與會議前，先想好要講什麼話再進去。光坐在那邊，對任何人都沒幫助。

寫下來有一種好處。我做事時，會不斷問自己：「我要學習哪些部分？」這個提問使我不隨便判斷其他人，總是保持謙虛態度。

第二個項目是個人OKR（Personal OKR）和工作上OKR（Work OKR）。寫下每一季的目標，和可以證明達到目標的關鍵結果（見左頁圖3-2）。

整理這些項目，就可以區分出這三個月我想集中在哪些事情上。因時間和能

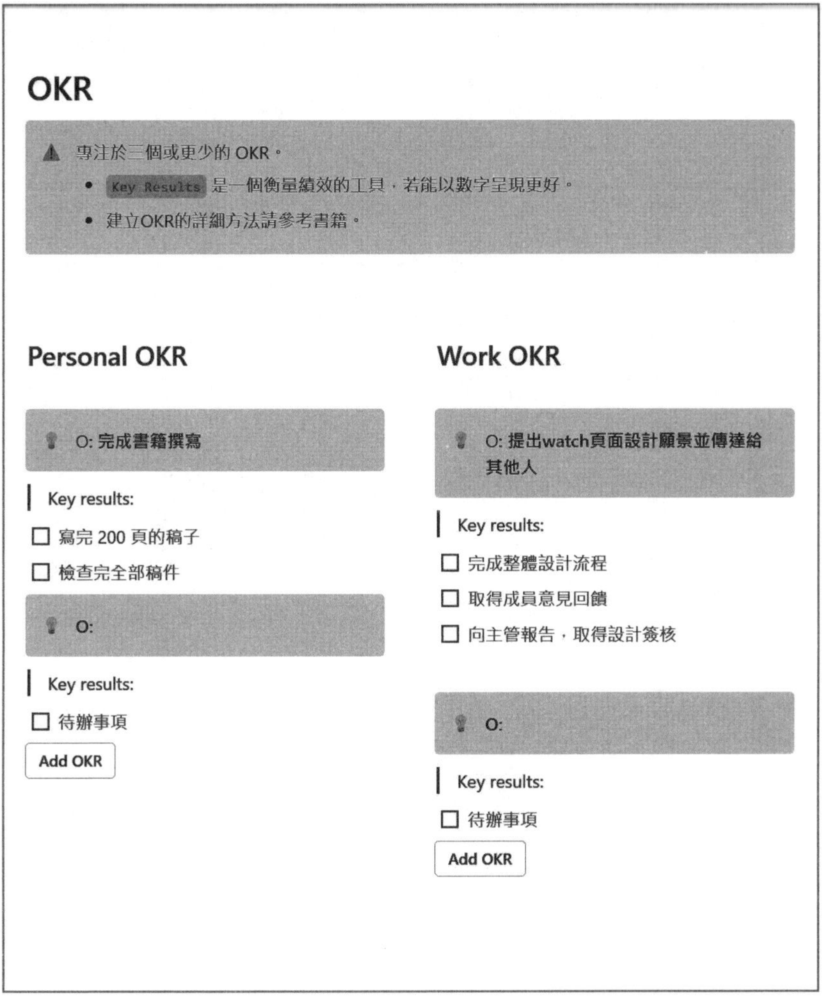
OKR
專注於三個或更少的 OKR。
Key Results 是一個衡量績效的工具，若能以數字呈現更好。
建立OKR的詳細方法請參考書籍。
Personal OKR
O: 完成書籍撰寫
Key results:
寫完 200 頁的稿子
檢查完全部稿件
O:
Key results:
待辦事項
Add OKR
Work OKR
O: 提出watch頁面設計願景並傳達給其他人
Key results:
完成整體設計流程
取得成員意見回饋
向主管報告，取得設計簽核
O:
Key results:
待辦事項
Add OKR

▲圖 3-2　個人和工作上的 OKR，寫下每一季目標，和可以證明達到目標的關鍵結果。

力有限，先把重要事情建立起ＯＫＲ。就算是不成功，它也會變成你大膽刪除的標準。

通常被認為不重要的事情，人都是突然出現的事。谷歌裡頭的ＯＫＲ文化非常根深柢固，要是有人突然叫你做某件事，你可以質疑「這件事在本季ＯＫＲ裡面嗎？」以此來拒絕他。

大部分的人會容忍這個狀況，雖然是突然插進來的工作，但如果認為它很重要，就會放進下一季的ＯＫＲ。如果沒有，那表示這件事的重要程度不高。

第三個項目是每月計畫（見左頁圖3-3），首先整理前三個月（十二週）的每週待辦事項、重要大事。抓整體計畫的大概輪廓，例如，「七月第一週聽完課程的五〇％、七月第四週準備重要簡報、八月第二週準備家庭旅遊」。描繪完大綱後，在該週的星期一建立詳細行程。分別按私事和公事分類，檢視「這一週想集中在哪些事上？」、「做這件事的目的是什麼？」、「這件事和本季的ＯＫＲ有關嗎？」訂定每季、每週計畫後，統整本週該做的事就不會太難。

接下來來看每週計畫（見第一四九頁圖3-4）。點開 **Jan 01** 就會出現詳細內容。每週一花大約十五分鐘建立每週計畫。先寫下希望這週集中精力做的三件

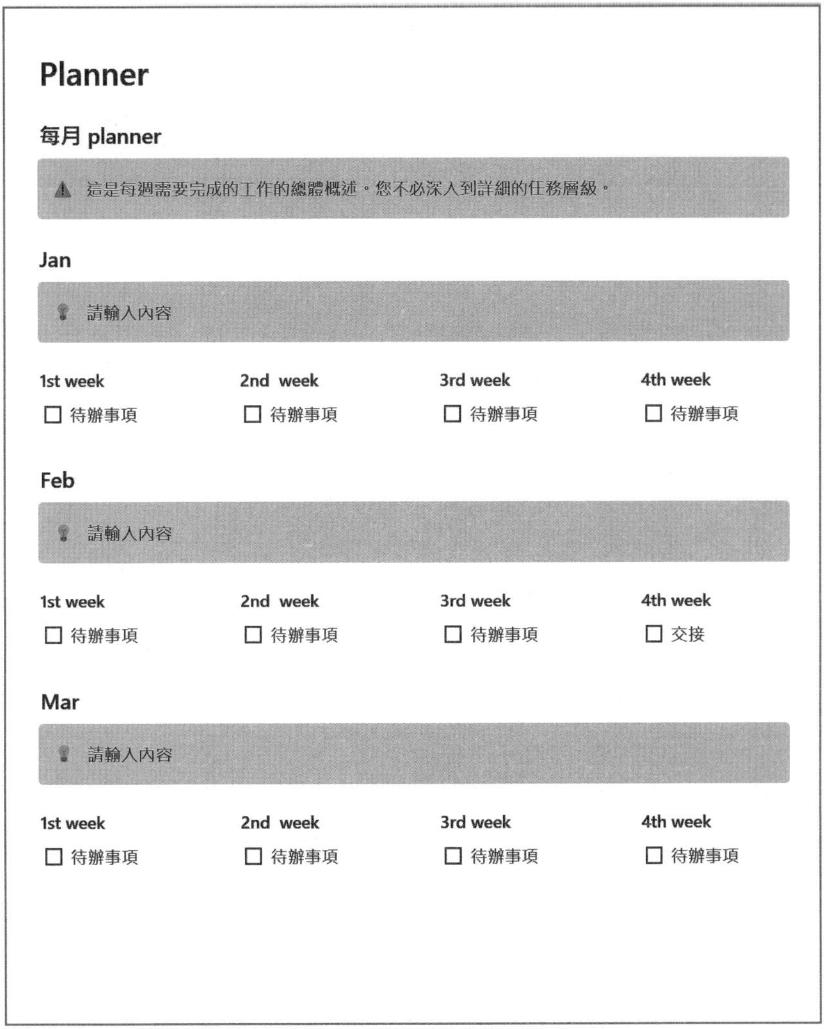
Planner
每月 planner
這是每週需要完成的工作的總體概述。您不必深入到詳細的任務層級。
Jan
請輸入內容
1st week
待辦事項
2nd week
待辦事項
3rd week
待辦事項
4th week
待辦事項
Feb
請輸入內容
1st week
待辦事項
2nd week
待辦事項
3rd week
待辦事項
4th week
交接
Mar
請輸入內容
1st week
待辦事項
2nd week
待辦事項
3rd week
待辦事項
4th week
待辦事項

▲圖 3-3　每月計畫，可將每週待辦事項整理在這。

事。雖然這裡寫的是本業三件事、副業三件事，但不一定要三件事也沒關係。

再來是輸入「苦惱的事情」，也就是目前還沒準備好要執行的事情。例如，「我想買相機，但A型號有這個優點，B型號有那個優點，不知道該買哪個才好？」或是「我想在公司做這件事，不知道該和誰商量？」這些事不必馬上處理，需要更多時間考慮。

接下來是建立每日計畫的區塊（見第一五〇頁圖3-5）。今天和明天，這週內必須完成的計畫等，通常很具體，所以一看到To do清單，就必須毫不猶豫的立刻執行。

我也會把和朋友的聚會放在待辦清單裡，甚至會把休息時間放進計畫裡，讓我能更有休息的感覺，如此一來，心裡會變得平靜，也可以預防自己偷懶。點選To do就能新增待辦事項，點選Note就能隨時記事。

第四個項目是在開始執行計畫前，重新思考一遍本季的重要目標為何（見第一五一頁圖3-6）。想想「有哪些原因可能導致我無法達成目標？」和「為達成目標，哪些東西是必要的？」

最後是完成復盤後，撰寫下來（見第一五一頁圖3-7）。首先，要思考「哪些

▲圖 3-4　每週計畫，建議每週一花約 15 分鐘建立。

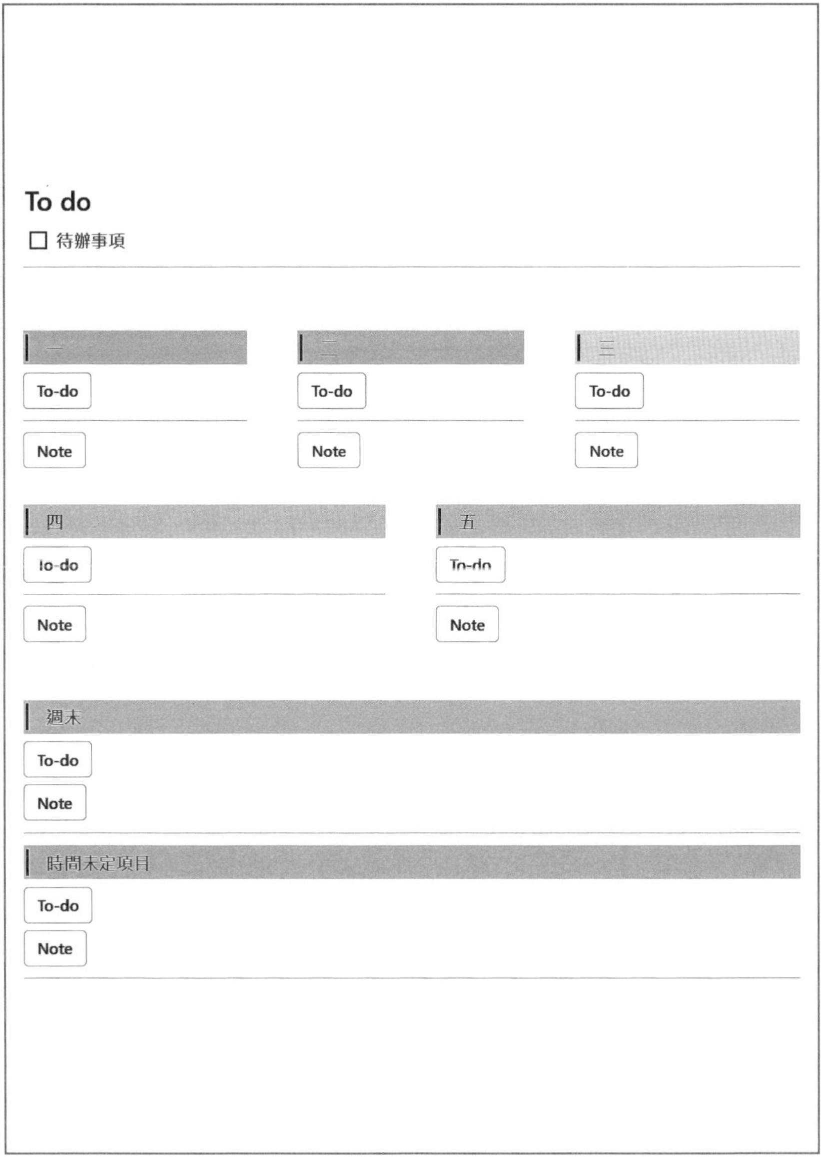
To do
待辦事項
一
To-do
Note
二
To-do
Note
三
To-do
Note
四
To-do
Note
五
To-do
Note
週末
To-do
Note
時間未定項目
To-do
Note

▲圖 3-5　今天和明天，這週內必須完成的計畫。

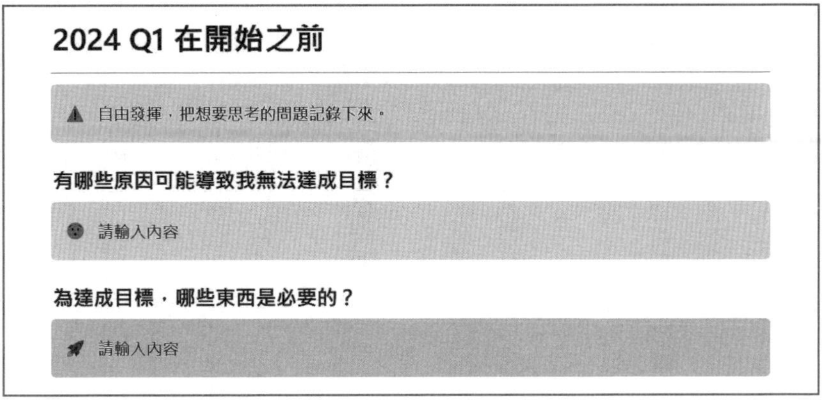
2024 Q1 在開始之前
自由發揮，把想要思考的問題記錄下來。
有哪些原因可能導致我無法達成目標？
請輸入內容
為達成目標，哪些東西是必要的？
請輸入內容

▲圖 3-6　計畫執行前，重新思考本季的重要目標。

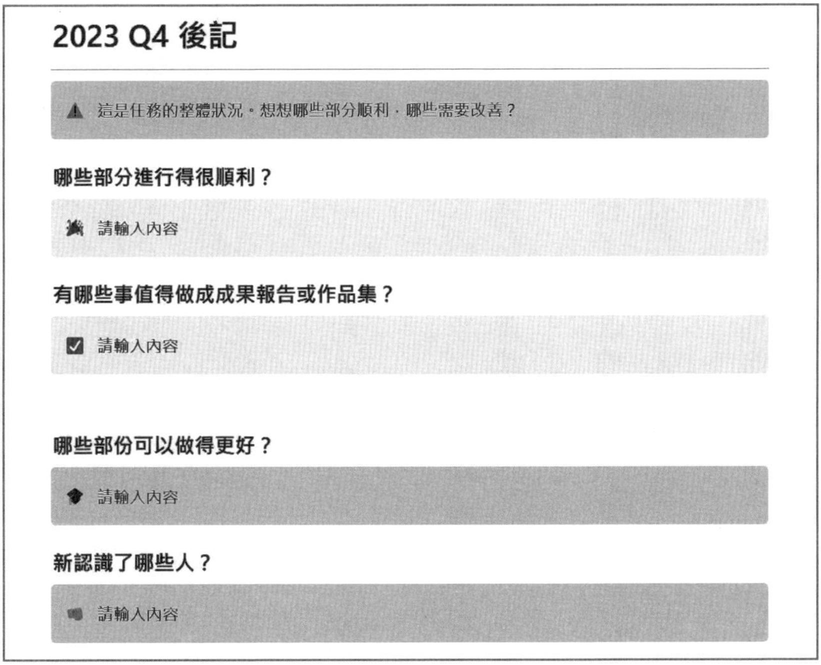
2023 Q4 後記
這是任務的整體狀況。想想哪些部分順利，哪些需要改善？
哪些部分進行得很順利？
請輸入內容
有哪些事值得做成成果報告或作品集？
請輸入內容
哪些部份可以做得更好？
請輸入內容
新認識了哪些人？
請輸入內容

▲圖 3-7　將復盤後的結果撰寫下來。

部分做得好」，可能是因為你的目標管理做得很好，也可能是你致力於加強人際關係而發揮效果。下一季把做得好的部分寫在這一欄，努力保持下去。

接下來要評估「哪些點可以做得更好」。如果下一季不想重蹈覆轍，該如何改善覺得可惜的地方。應該思考的是，最近和周遭人的關係如何，有沒有同事給你意見等。

專案管理

前面學了管理行程的方法，接下來要學習管理專案的方法。請掃描左頁圖3-8中的QR Code，看我開始專案之前寫的模板範例（編按：原模板為韓文，圖為修改成中文後）。

這張圖是專案模板的目次和第一個項目——該做的事清單（見左頁圖3-8）。之所以會把這個部分放在第一項，是為了打開頁面就能迅速確認要做什麼事，以便達成目標。

這裡標示該做的事的進行狀況、專注力需求、優先順序等，工作時的專注力

▲圖 3-8　可將該做的事在這列示出來，方便查看。

配置尤其重要，因此請區分一天之中注意力較佳和不佳的時間，將專注力需求低的事情放在注意力不佳的時間點做，需要較多專注力的事情則配置於注意力較佳的時間。

第二個項目是設定目標與關鍵結果（見下頁圖 3-9）。用一句話盡可能明確且具體的寫下目標。再來，思考「我現在的狀態和達成專案後的狀態」，並想著如何才能拉近兩者的差距。舉例來說，假設決定專案的主題是「準備換公司」，就是要分析已經準備好跳槽的自己狀態，和現

目標

請想一想目標為何。並且想像達成目標後的自己。

Objective:

預期達成目標所花時間：

Key result

它是衡量實現目標績效的工具。如果能用數字呈現更好。

- [ ] 待辦事項
- [ ] 待辦事項

Gap analysis

現在的狀態和達成專案後的狀態有什麼差異？請如實寫下。

- [ ] 待辦事項
- [ ] 待辦事項

▲圖 3-9　設定目標與關鍵結果。用一句話盡可能明確且具體的寫下目標。

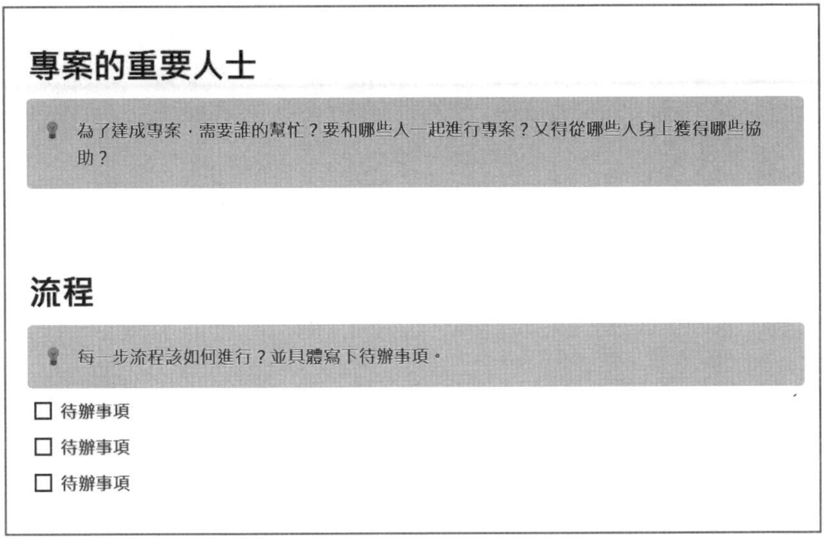
專案的重要人士
為了達成專案，需要誰的幫忙？要和哪些人一起進行專案？又得從哪些人身上獲得哪些協助？
流程
每一步流程該如何進行？並具體寫下待辦事項。
待辦事項
待辦事項
待辦事項

▲圖 3-10　專案的重要人士，思索哪些人對這個專案很重要。

在的狀態有什麼樣的差異。

現在作品集既沒有整理好，履歷也還沒重寫，連要請誰幫忙推薦都還沒確定。但做好跳槽的準備後，所有東西都會更新好。分析現在的狀態和未來達成專案後自己的狀態，就很清楚應該做什麼了。

第三項是思索哪些人對這個專案很重要（見圖3-10）。即便是自己單獨進行的專案，也必須和其他人有所連結。試著思考這項專案和誰有關、對誰造成影響、能和誰一起進行，以及是為了使誰認同等。

最後是整理流程，一邊整理每階段的流程，一邊思考該如何達成目標。

副業通常是自己一個人開啟，因此很需要管理專案的工具。如果毫無計畫的做下去，往往會不了了之。建立計畫並實踐，就會慢慢看見一些成果顯現，有一天你一定會明白，確認成果是世界上最有趣的事。

在谷歌工作，可以發現周圍有很多聰明人。這些人擁有的共同能力，並不是優秀的設計技術或程式設計技術，**而是他們為了達成某種目標，懂得先勾勒出大框架，同時分析、描繪具體細節，找出哪些是能讓他們達成目標的事物。**

在谷歌企劃並設計新產品一點也不輕鬆，但他們既懂得站在遠方眺望樹林，也知道觀察一棵樹木。他們了解這些能為公司帶來哪些收益，能為人民提供哪些協助，再者，也知道這個產品要放哪些按鈕，才能讓整個畫面有感覺、有效率。這並不是開始工作就能自然學會的，而是要經過大量訓練和思考才有的能力。

同理，人生也要懂得快速切換大框架（生活）和細節（要做的事），並且思考現在做的行為對未來有什麼幫助，是否離自己想過的生活越來越近等。前面介紹的各種模板，對於連結人生大框架和細節將會很有幫助。

我們花大量時間和其他人在咖啡廳聊天，卻不挪時間和自己對話，是因為不懂如何和自己對話。正如前面我所做的那樣，你將在編寫模板時獲得有關如何與自己對談的線索。

沒有所謂正確解答，你可以複製模板，自由修改，讓它符合自身需求。希望各位能找到適合自己的環境、條件、生活模式，藉此連接人生大框架和細節，讓自我間的對話變得更自然。

Chapter 4

決定未來晚八點

在「我想做的事」和「我該做的事」之間，應該先做什麼？當你擔心在給定時間內將精力投入到哪裡時，你一直想做的事就會被推到優先事項清單中。我想做的事不會立即為我帶來好處，但我該做的事會立即帶來回報，無論是經濟收益，還是考試取得好成績。

我們需要一種方法，讓我們在做完必須做的事情後，還能有時間做自己喜歡的事。如果我們的生活全都被工作占滿，就沒辦法好好思考自己想要什麼，未來要怎麼走。就算下定決心要透過副業創造額外收入，也可能只會空想，無法付諸實踐。

所以，我們要讓自己有更多時間做喜歡的事。把喜歡的事變成習慣，就能在工作之餘，也能做自己想做的事，而不只是為了工作而活。

本章要**了解如何把副業變成習慣，並讓它占據人生重要地位**。副業做得越久，就越可能變成生命中不可或缺的重要事情，最終創造未來。

在了解如何讓副業變成習慣前，各位可以先問自己以下問題：

- 你有經營副業的經驗嗎？

- 你的副業曾做出一番成果嗎？現在它對你的人生造成何種影響？
- 要是沒能做出成果，是哪個部分受到阻礙，要怎樣才能消除阻礙？
- 是因副業沒有進展，才讓你感到厭倦而偷懶的嗎？假如面臨同樣的難關，你能預防自己偷懶嗎？
- 你認為能藉由副業更接近自己想要的人生嗎？

選擇副業主題時，我會想，現在是否過著自己想要的生活？如果不是，是因為缺少了什麼？以及我需要透過哪些副業填補那些不足之處？

對我而言，副業已成為我人生的一部分。如果副業已成習慣，那麼就有多餘的能力做其他事，也就沒有什麼好害怕的了。因為決定副業的是你，所以隨時可以照自己內心想法改變人生方向。

1 把副業變成習慣

習慣很重要，然而，很少有人理解它為何如此重要。接著就讓我們來一起了解什麼是習慣，為什麼它們很重要，以及它們如何影響未來。

早上起床，躺在床上滑手機二十分鐘，大致整理一下床鋪後，去上廁所。到廚房泡杯咖啡，坐到電腦桌前看信箱裡的郵件，在入口網站搜尋即時熱門關鍵字和新聞……上述所有行為都是習慣。

這些過程大都不經過思考，因為已成了日常習慣。因此，當某些行為完全變成習慣後，就算不特別思索，身體也會照樣行動，就像有一隻看不見的手在操控一樣。

在習慣中，有你努力養成的好習慣，也有為了適應你的生活方式而自動養成的習慣。不管它是如何開始的，習慣是可以持續不費力的完成活動，因此它必然會對你的生活產生很大的影響。最終，習慣創造並控制我們。

習慣有很多種。「每天早上起床喝咖啡」，可能不會對塑造一個人的自我認同造成太大影響，但你的一舉一動、思考方式等皆是習慣。你和朋友在一起時用什麼方式對話？你和主管說話時、發表簡報時，有沒有經常使用的說話習慣？

如果你每次交報告前都會仔細檢查有沒有錯字，那大家就會覺得你做事很細心。如果你很習慣幫別人開門、聽別人說話，那大家就會覺得你很有禮貌，久而久之，你就會給人留下這樣的印象。昨天的習慣會影響今天的你，甚至會影響你很久很久。

更驚人的是，假設你成功控制習慣，並有意識的選擇行為，就能創造出自己想要的主體性。如果你決定把「每天早上起床後要運動」變成習慣，就能成為擁有健壯體格和心靈的人，倘若你決心「每天下班後要學吉他」，同時付諸行動，就能成為享受音樂演奏的人。

這並非要你從頭到腳改變，創造出全新的自己，只要從小習慣開始即可。為了變得比現在更好，只要從小的部分做就好。習慣，如同創造自己主體性的種子，在成長為大樹之前，需要肥沃的土地、適當的陽光、適量的雨水等，而這也是為何不是所有種子都能成長成大樹的原因。

嘗試新習慣並定型的過程中，失敗是理所當然的事。然而，若是習慣成為大樹，就會自動執行動作，即使不花力氣也能造就出自身主體性。

雖然要讓習慣定型很難，但只要熟悉了，你將會發現，不需要勉強自己去冥想，身體就會自行想要冥想。好的習慣會成為非常厲害的工具，幫助你創造比昨日更好的自己。

在學習定型習慣的方法之前，先來了解習慣的定義。究竟什麼是習慣？首先，要知道，習慣並不是目標。**目標有開始和結束，目標是只要達成了就會結束，但習慣會每日反覆，沒有盡頭，對日常生活也會造成許多影響。**習慣有以下四種特徵：

- 只要滿足一定條件，就會無意識出現。
- 藉由反覆動作形成。
- 一養成習慣，就很難改變。
- 不用努力，自然而然就會做到。

例如，我們有意識的開始做某件事，經過反覆練習，身體就會形成記憶，之後就算沒有刻意去想，也能自然而然的做出這個動作。

根據行為科學理論，創造習慣的方式大致有兩種：古典制約（Classical conditioning）、操作制約（Operant conditioning）。[4]

其差異在於行為是否屬自發性。前者和俄羅斯心理學家伊凡·巴夫洛夫（Ivan Petrovich Pavlov）知名的狗實驗有關。每天給狗飼料前先敲鐘，日後就算只有聽到鐘聲，狗也會因為預期馬上就有飼料吃而流口水。

我們擁有的部分習慣是因古典制約所形成。早上起來看手機、開電腦、確認郵件等，都屬於此類。操作制約則是選擇性補償某行為，讓大腦銘記成喜悅，並誘導我們經常做此行動。

在一項實驗中，猴子被給予了一個沒有任何資訊的按鈕。猴子偶然按下按鈕，每按一次就會得到一根香蕉。起初猴子並沒有發現，直到明白每按一次按鈕就會獲得香蕉後，只要牠想吃，就會反覆按按鈕。這時，反覆按按鈕的行為被稱為「強化」，而食物則是「強化物」。

又例如，孩子吵著要買玩具時，你都會買給他，他的行為就會被強化，知道爸媽最後都會對他妥協，因而提升每當有需求就要賴的機率。

反覆做某件行動時會考慮到結果，就屬於操作制約。例如，你因運動後感覺舒暢，因而每週運動三次以上；因冥想後心情變得平靜，所以決定每天花五分鐘進行早晨冥想。

換言之，為了培養好習慣，你可以想像做了之後的正向狀態、結果和報酬，並將想法集中於此，效果會更加顯著。

如何養成新習慣

你現在的習慣中，哪些是好習慣？又有哪些屬於壞習慣？想創造好習慣，單靠決心是不夠的。因為習慣是身體、賀爾蒙、細胞，以及大腦裡複雜的電波反覆作用下的結果。

在養成習慣的階段，因為必須拋棄人腦和身體原本銘記的習性，所以須具備強烈決心和巨大努力。舉例來說，你想創造每天晚上八點執行副業的習慣，但由於「晚上八點」和「副業」是各自獨立的兩件事，所以需要花費許多努力和決心。不過，只要你從現在起，每天晚上八點從事副業，反覆操作，大腦的細胞和訊號就會產生連結。之後，大腦就會銘記這件事，就算日後你減少付出，也可以自行完成。最終達到不花心力，也能像習慣般進行下去。

令人驚訝的是，我們的大腦總是準備好適應這些人為努力帶來的改變。大腦的神經可塑性（Neuroplasticity）是指，大腦透過新條件或環境，自行改變神經迴路，好讓我們可以即時做出反應並適應。換句話說，大腦都已經準備好了，只要下定決心和反覆努力，就能創造新習慣。

神經可塑性又分成兩種，「結構性可塑性」（Structural Plasticity）和「功能性可塑性」（Functional Plasticity）。前者是經由不斷反覆無意識的經驗，使大腦重新整理，並配合經驗改變結構。這種習慣通常是被動造成，例如，緊張時會咬手指，或是坐著就會抖腳等。

後者則是透過有意識的努力所形成，以此獲得報酬或正面心情。例如，每天吃健康餐並運動，開會時習慣事前準備等。

明白新習慣形成的原理後，接著來看如何才能使好習慣常伴左右，同時令壞習慣離遠我們。

如何養成好習慣並改變壞習慣

為什麼習慣很難改變？神經系統會觀察行為，依據行為分泌多巴胺或化學物質。要是大腦發現某種行為模式或行為能使人得到滿足，就會儲存並以此製造情緒或記憶。聞到某種特定味道就會想起故鄉、聽到某個音樂就會想起以前記憶等，正是因為大腦儲存了那些行為的緣故。

儲存連結的地方並不是有意識做決定的區塊，而是掌管無意識行為的區塊。所以要改變習慣很困難。美國奧斯汀佩伊州立大學（Austin Peay State University）的心理學教授黛布拉．威爾森（Debra Wilson）在英文醫療部落格（編按：Healthline，消費者健康資訊網站）提到三個**形成習慣的因素——訊號、行為、獎勵。**[5]

- 訊號：有時間。
- 行為：看 Instagram 貼文。
- 獎勵：分泌多巴胺。

再舉其他例子：「工作遭遇瓶頸（訊號）→到外面抽菸（行為）→抽了菸後感覺能暫時脫離困難（獎勵）。」只要不斷反覆上述舉動，大腦就會認為這是一個組合體。也就是說，當工作又做得不順利時，就會習慣性想抽菸。

許多行為都是由此組成習慣，並在之後形成自我的主體性。所有人都希望自己能往正面發展，而改變從改善習慣開始，如果你想改掉壞習慣，就需要回想你下意識所做的行為。

- 為什麼我會開始無意識做這個行為？
- 是否有什麼更健康的習慣能取代它？

各位可以透過寫日記的方式，記錄下最具體的回答。同時，進一步分析及思考訊號、行為、獎勵這三件事是如何形成的。

嘗試一些新事物並寫下它給你的感受。你無意識養成的壞習慣可能會再次出現，但你必須有意識的改變它們。專注於由此感受到的快樂，並努力重複它。一旦重複性活動進入無意識領域，你就會養成想要的好習慣。

有關如何養成好習慣，並改掉壞習慣的方法如下：

1. 用好習慣取代壞習慣

如果每天六點都習慣喝酒，不如試著以汽水或零卡可樂替代。又或是你習慣一有時間就看 Instagram，不妨試著用電子書取代看 Instagram。

2. 從小處著手，越做越大

想培養運動習慣時，大家最常犯的錯誤就是訂下做不到的計畫，例如，「每天運動一小時」。可以先從每天散步一小時做起，當散步成為習慣後，再把它轉變成運動，就會相對簡單一些。

3. 建立一個易於養成習慣的環境

如果想養成寫日記的習慣，可以把日記和筆放在床頭；若是想培養運動習慣，就準備一個包包，放入運動時所需的物品，這樣想運動時就能馬上出發。

4. 想像自己已經擁有好習慣的樣子

根據研究結果顯示，如果想像自己正在跑步，大腦就會產生類似實際跑步的刺激。你可以想像自己跑完步後的爽快感，如此一來，就能更容易養成好習慣。

迎接新年時，有三一%的人會立下新計畫。其中，只有三五%的人能維持兩個月以上。那些人之中又只有一九%的人可以堅持兩年以上。也就是說，要甩開壞習慣或養成好習慣真的非常不容易。

種子為了長成大樹，需要適當的土壤、養分、日照量、雨水，為了讓習慣定型，也需要適當的時機和環境。然而，人生無法創造完美的時機和環境，能做的就是盡量撒下足夠多的種子，並在培育的過程中一步步改善環境。我們得像下列例子，將目前的習慣（家／公司、早上／中午／晚上）寫下來檢視。

1. 家

- 每天早上，會仔細整理好床鋪？

- 早上有冥想的習慣？
- 為了健康，你每天早上會做些什麼？

2. 公司

- 是否一有空就放空看 Instagram？
- 發表簡報時是否會結巴？
- 坐在椅子上就會習慣性抖腳嗎？

思考自己想要的正面變化為何，寫下想改變的習慣與想發展的部分，將能更了解自己。所有變化開端都從了解現況開始。

做副業最簡單的方式就是養成習慣。只要習慣一定型，就會自然而然找事做。會自動思考：「下次要做什麼？」並且充滿期待。期望各位能經常把副業放在心中，打造一個能花更多時間在想做的事上的環境。

2 改變是循序漸進的

打破熟悉的慣性，往往需要勇氣。如果你滿意現今的生活習慣或狀態，也許你不需要改變，但大部分人都在追求改變。從減肥、戒菸、學新語言、運動，到換公司、開始做生意等，我們經常煩惱要做什麼，也思考何時、如何開始？

每逢新年，我們都會立下新的決心。無論是新學期開始、第一次上班，還是新月分到來，每當迎來新的起點，我們都會變得更有目標感，對未來充滿希望。

行為科學家說「歸零重設」是能達到最大改變的時刻。這會讓人在某一時刻非常正面看待自己追求變化的能力。即便環境、人、習慣仍是老樣子，但在新年或新的區間開始時，會相信自己也有所改變，因而變得更強韌、更堅定。

我第一次搬到西雅圖生活時，同樣也陷入歸零重設。不知道哪裡來的自信總是讓我覺得「只要我下定決心，任何事一定都能做到。」然後，訂下不可能達標的減重數字。根本做不到的運動及飲食調整計畫，讓我越來越挫折，但每個月月初，我又認為自己可以做到。

某一天，我突然想起日本經濟學者兼企業家大前研一寫過的一篇文章〈改變人生的三種方法〉：如果想改變人生，可以「和別人用不同方式運用時間、改變生活環境、認識新的人」。改變，真的這麼難嗎？

後來，我搬到波士頓。在重新開始之際，我想按下歸零重設的按鈕。今年達不到的目標，只要明年一月一日再做就好，但一次性改變「生活的地方、工作，和認識的人」的機會非常難得，若是失敗了，下次很難會再有。這就是為何我必須策略性利用這次機會來實現變革。

偶而也變得偉大吧！

我從西雅圖搬到波士頓是因為工作關係，後來我又從迪士尼轉職到谷歌。其實，離職也是近乎賭注的行動。當我向迪士尼公司的經理表明想離職時，他說會讓我晉升為資深設計師，藉此挽留我。

拒絕那項提議後，我跳槽到谷歌。但實際上，谷歌提供的是「一年一聘」，迪士尼的工作相對穩定，一旦選擇去谷歌，一年後我的未來將是未知數。如果我不相信自己，就絕對無法做出這項決定。我必須在一年內證明自己的能力，若沒能在時限內轉正職，那我真的就是四面楚歌了。

在西雅圖時，雖然我的職涯看似一直都有在前進，卻未能升遷。穩定發展雖然也是一種優點，但我很肯定當時我不只是追求穩定，即使身體極為疲憊、長出好幾根白頭髮，我仍想繼續努力累積經歷。

為了讓我的職涯呈現上升曲線，我必須有所改變。雖然在迪士尼也算是得到認可，但當時的我更迫切需要做出巨大變化。就算約聘的風險很大，但我仍決心改變生活環境、來往的人、所做的事情。

都把自己推進變革的漩渦裡了，若還不努力，就不是「高風險高獲利」，而是徒有高風險，甚至可能失去更多東西。因此，我必須使自身能力獲得認可。

雖然已決定按下歸零重設的按鈕，但重要的是如何繼續創造變化。我從自己完全可以控制的身體開始創造變化，我認為，只要身心都變得更加健康，就能花更多能量在工作上。

抵達波士頓後，我開始全新的生活，覺得自己好像能改變一切。然而，歸零重設的效果並沒有持續太久，我逐漸煩惱該如何脫離原先的慣性、管理時間，以及持續做自己想做的事。

當時我還是一個人時，沒有任何妨礙目標的因素，或許只有懶惰能阻礙計畫。我覺得，並不是因為自己很強所以才能成功改變，而是當我成功改變時，就會變成很強的人，反之，當我失敗時，就會變成弱者。

等我在波士頓安頓好了之後，開始做高強度間歇運動的交叉訓練。起初我會在下班後去運動，卻覺得好像沒有效果，因此把時段改為早上六點。

六個星期下來，我每天運動並嚴格遵守飲食限制，成功達成目標，減重十公斤。不僅體力變好，也感覺神清氣爽，發現距離自己期待的變化越來越近。

減重與健康的生活習慣是改變的開端。比起身體變輕盈，更棒的是獲得只要下定決心並努力執行，就可以做到的自信。就像成功減肥一樣，我覺得自己也能做好其他事情。

我想了很久決定離職，也很努力打造健康身心，讓生涯曲線轉換為上升趨勢。所有努力都證明——我做的決定是對的。雖然我總是希望自己可以做出對的決策，但有時真的無法衡量結果會如何。隨時間流逝，若結果是好的，就會變成好決定，相反的，如果失敗了，就會是壞決定。

一年後，我陸續收到谷歌和臉書的全職工作提案。在谷歌擔任約聘職的一年期間，我做出生涯最好的設計作品集。以此申請臉書工作時，面試官說，這份資料是滿分一百分。聘請我的谷歌主管向其他人說明什麼是好作品集時，也以我的作品集作為範例展示。現在回想起來，當時我做的決定是對的。而我也努力讓我的決定變成好決定，要是我不認真做，絕對無法變成現在的樣子。

事實上，按下歸零重設按鈕確實不容易。新年一開始、每個月的第一天、每個星期一，我們都按下小小的歸零重設按鈕，但也經常很快又變回之前的樣子，因而感到自責。我們無法一口氣改變工作場所、生活環境、來往的人，要是因意志力和行動力薄弱，導致每回都做不出改變，那該怎麼辦才好？

再試一回

改變十分不簡單。大腦運作方式和生物學結構基本上都是追求穩定。能維持現況，就可以安於現況，但僅靠這點程度的滿足感，無法持續感受人生價值。無論你不滿足的是經濟、職涯，抑或是人際關係，人生中總有許多可改善之處。

創造人生變化的方法是循序漸進的。一天天累積就成了一週，一週週過去就成了一個月，只要每天花個三十分鐘嘗試，最後一定能發現自己有所改變。變化並不是單靠一、兩天認真過日子就能創造，必須持續做下去方能達成。

不是只有你很難改變。根據統計，訂定新年新計畫的人之中，只有二〇%能遵守到最後。[6] 如果用另一種方式詮釋這句話，代表你嘗試了五次後，其中有一次會成功。即使無法成功做出改變，失敗了也沒關係。

重點是，持續嘗試。不嘗試就沒辦法改變，也無法成功。要是失敗了，就得具體、客觀分析原因，並好好思考下次該如何改。比起無法達成目的本身，分析為何失敗更為重要。

總有一天，你會成為成功改變的那二〇%，與此同時，這個變化也會如同蝴蝶效應般帶來更大且更正面的變革。嘗試想要的事物，引領人生改變吧！

3 創造不得不做的理由

我在大學時，曾修了一門統計學課程。學生們一致公認這堂課很難懂，跟不上進度。考試時，拿到零分的同學不計其數，只要你有四十分，你就是第一名。統計學教授本人對該學科充滿熱情，總是在研究室裡待到深夜。

課堂上，一名學生發問：「教授，你是如何變得擅長統計學的？」

教授回答：「我小時候數學很好，同學們每天都會拿著艱難的數學題目來問我。我一邊解數學題目，一邊向同學說明原理，那讓我覺得自己好像變成很厲害的人。因為大家都覺得我的數學很好，所以我也更認真的研究數學。如果我不會，感覺很奇怪。大家稱讚我數學好，我也感到十分有趣，這也讓我變得更厲害。好像並不是因為一開始我便對統計懷有夢想，才決定要變強。」

要是同學們不來問他艱難的數學題目，教授是否也能靠自己的意志念得那麼認真？我認為，假如少了外部刺激，或許很難沉迷於數學裡。

人們時常怪自己，每回下定決心「要努力做」、「這次一定要保持下去」，卻又很快放棄，這都是因意志力不足的關係。這時，要明白單靠意志力和熱情並不足以達成目標，與其自責，不如檢查當前環境如何。

- 如果做不到這件事，會對誰造成傷害？
- 做不到這件事時，是否會對我的形象造成打擊？
- 萬一我做不到這件事，會造成金錢上的損失嗎？

如果以上皆非，便缺乏理由繼續做這件事。人們最常設定的目標「減肥」和「戒菸」，都是基於同樣原因而失敗。就算減肥或戒菸失敗，既不會對他人造成傷害，也不會打擊自身形象，更不會損失錢財。只能靠自己的意志力達成，所以人們才會說，能成功減重和戒菸的人是狠角色。

想提高成功機率，光靠個人決心是不夠的，還得增加外在動機，使自己有不得不做的理由。如同前面提及，統計學教授的外在動機是一直幫同學解難題。同時，他自己也希望得到同學的認可，稱讚他數學很棒，就算過程辛苦，他對數學的熱情也絲毫不減。隨著數學程度提高，他就可以教導同學，為此開心不已。

前面也曾提過，我喜歡彈吉他，大學時期甚至很認真考慮要轉到實用音樂系就讀。我彈得一手好吉他，其中有我自身的努力，也有讓我不得不練習的情況。

高中時，我參加樂團，如果不好好練習合奏曲，就會害到其他同學。負責貝斯、鍵盤、鼓、主唱等的同學，都各自花時間練習了，若我不這樣做，就不可能演出成功，也會浪費其他樂團同學的時間。如果這種情況頻繁發生，就會被大家認為我是既懶惰又不遵守約定的吉他手，形象大受打擊。因此，我只能每天勤加練習，自然而然就變得很會彈吉他。

另外，也有同學和學弟妹請我教他們彈，為了有系統的教學，只能不斷提升自己的實力。環境造就我認真彈吉他的理由，而吉他也成了我一輩子的興趣。

想認真工作？自己開公司

你還是認為目標取決於自己的熱情和意志嗎？還是你覺得應該好好打造環境後，把自己丟入其中？每個人一定都曾建立計畫後，卻又未能實踐，心想：「哎呀，我就是這樣！」、「果然這次也不順利！」

熱情雖很重要，但還是有一定的極限。我甚至會想，熱情這個詞是不是心靈成長書籍所使用的行銷語言？「我的熱情在哪裡？」的想法，自然會連結到「我的意志力很薄弱」。

熱情可能是開始執行某件事時，使我積極行動的能量，但若想成功推動副業，還需要續航力。此時，如果能創造出「不得不做的理由」，就能提高續航力。首先，要設計一個環境，當我沒有做到這件事時會遭受直接打擊，如此一來，才能付諸行動，並且持續實踐。單靠本人意志力達成目標的人，屬於前一%的頂尖族群，而大部分的人都需要外在動機。

韓國知名網漫作家李末年，如今是一名 YouTuber。他開網路直播時，一名觀眾問到：「你既是知名的網漫作家，YouTube 頻道也經營的很成功，是否有特別的祕訣？」

他回答：「首先，我成立了一間公司，會一直收到工作邀約。萬一我不做，就付不出薪水給員工，公司就會因此倒閉。如果你也想認真工作，就去開公司，那麼你就會不得不做了。」

只要你不得不做，最終便能做出一番成果。刻意營造「要是我不做了，除了金錢損失，形象也會大受打擊」的情境，來提高成功機率。

各位知道 Responsibility 和 Accountability 之間的差異嗎？雖然兩者都可以被翻譯為「責任」，但語感略有不同。

前者代表「執行業務時，一旦做不好要負起的責任」。這是在事情發生前，就主動擔起責任。後者則是「發生某問題時，必須說明為什麼會發生這件事的責任」，通常用於令人失望或被問責的狀況。請看以下例句：

「我必須對這件事負責（Responsibility），我要做的事情如下……。」

「針對這件事進展不順利，我負有最大的責任（Accountability），以下是其原因……。」

在美國，有時會使用「責任的力量」（Power of accountability），因為這句話比想像中更有力道。專案進行到後來因遇到困難而中途放棄，在說明做錯的原因或是要負起責任時，會使用 accountability。如果這件事和同事、客戶等其他人有關係，就必須向他們道歉並告知來龍去脈。

若能和其他人一起做，找一個負責任的夥伴，就能減少失敗的機率，這就是責任的力量。各位可以試試下列二種方法：

1. 了解狀況和環境

改變來自於正確分析。事情失敗時，我們可以分析一下「會給誰帶來損失？我的形象會受到怎樣的影響？會造成多少經濟損失？」，如果不會，那麼就思考「當前的狀況和環境如何推動我前進」。

2. 能理解為什麼不得不做

「一定要做」這句話，其實很不具持久力。就算可以持續一週，但要持續一個月、一年就很困難。有時，做本業或副業時，會感覺好像天時地利人和，進行得很順利，但這並非經常有的事。只有處在適合的環境下，相信自己能改變未來，才可能有的經驗。我相信，經歷這一刻，你的副業將能改變你的未來。

自身必須理解為什麼我不得不做，這個標準不是「他人」，而是「你」，如此一來才能成為維持長長久久的動機和原動力。

3. 和其他人一起進行

如果你想開始運動，可以找人一起。共享目標，可以彼此互相激勵，也更能持續下去。如果你想做某件事，可以請已成功的人當你的導師。他們會分享寶貴的經驗和智慧。當其他人一起參與時，就能發揮責任的力量，也能更認真面對。

當中途想放棄，或是你真的有想推動的副業時，「創造必須做的理由」和「打造不得不做的環境」，將會很有幫助。比起一定要努力的獨自決心，倒不如制定「為了讓家人不再為錢擔憂，我一定要做好這件事」、「我要做好這件事，讓周圍的人更信賴我」的動機，使自己變得更積極。因為如果我不努力，「之前投入的所有努力都可能白費」的危機感，「會被周圍的人認為無能為力而感到羞愧」的恥辱感，會讓我更加堅定的堅持下去。

人類極易受環境影響。在公司工作，比較容易專注，是因為同樣場所裡的人都在認真行動。換句話說，環境造人，而人類打造環境。

4 想做的人找方法，不想做的找藉口

我從年輕時就在彈吉他，雖然當時實力也沒多了不起，但很多朋友都會來請教，不過那些朋友中，現在還在彈吉他的人少之又少。他們一開始學習時，都非常有熱忱，買吉他、花很多時間練習。然而，時間一久，熱情慢慢消退，吉他也變成客廳的裝飾品。

如果你周圍有擅長某件事的人，你自然會受到他們的影響。例如，有人很會拍照、彈吉他、靠投資股票賺很多錢等，我們也會想擁有那種能力。覺得「我應該也可以跟他一樣厲害？」然後買設備，也計畫好要如何學習。起初總是充滿熱情與期待，就連下班的腳步都輕盈了起來。

接著在某個時刻就碰上難關。當難度越來越高，就必須解決問題，必須承受撞牆期。這時，很多人會就此崩潰。明明是自己起的頭，卻逐漸遠離，想做一些更簡單的事（例如，看 YouTube 或玩遊戲等）打發時間。一整天在職場上消耗大量精力後，要安撫大腦，再次進行難度高的副業，當然不容易。事實上，大腦並不樂見變化。接著讓我們來看看大腦常見的藉口和解決方案有哪些：

藉口一：我沒能力解決這個問題

本來好好做副業，卻逐漸變得偷懶。少則幾天，多則幾週，有時更直接跳過，覺得自己沒能力解決問題。

舉例來說，本來下定決心一週要運動三次以上。第一個月成功，到第二個月時，卻連每週運動一次都很難。因而責怪自己「真的好懶」、「意志好薄弱，連持續運動都做不到」，討厭違反約定，最後懷疑自身能力。

當意志力變得薄弱、碰上難關時，最好的方式是在說出「我沒能力」、「不想做」前，先行動。在你考慮是否做之前、在你的大腦做出反應之前就開始做。例如，「早上醒來後，在十秒內離開床」、「吃完晚餐後，一定要執行副業」。就如同跑步時聽見號角聲，要毫不猶豫出發一樣，只要訊號一出現，就應該馬上行動。

好的開始是成功的一半，一旦開始了，其他的事情就變得容易了。如果這是你喜歡的事情並且你已經開始了，那麼下一步並不困難。

藉口二：努力與結果不成正比

例如，學衝浪，當全身肌肉痠痛，又沒能很快學會時，心中就會產生疑慮：「學這個要幹麼？」如果很難清楚的描繪出你的副業最終目標，就更容易有這種感覺。這是因為副業需要的努力越多，就越會考慮結果和回報。

當你碰到這種難關，不妨重新設定目標。想想你最終想要的是什麼？透過這個副業想得到什麼？這將對你很有幫助。如果感覺自己停滯不前，同樣可以藉由想像自己達成最終目標的樣子，突破這個時期。

倘若最終目標取決於他人手裡，那就更好了。學英文的人可以把目標放在和外國異性朋友用英文對話，學打鼓的人可以把目標放在演出上去練習。

藉口三：沒時間或沒心力

原本下定決心每天六點準時下班後，要寫一小時的小說，但公司新來了一位隱約強迫大家加班的主管，不得已只能更晚下班。這時，你可能就會想：「我好不容易空出時間寫小說，現在可能好一陣子都無法動筆了。」

但你再仔細想想，也不是所有人都有時間。與其說「真的沒空」，反倒可能只是優先順序的問題。假如一天能用的只有十小時，「沒時間」可能只是代表其他事比這件事更急。至於解決方法，各位可以參考以下方式：

● 本業變忙。

可能是本業的專案臨近期限，必須加班，或是組織有新變動，導致要花更多時間在這之上。這時，就需要做滾動式調整。

首先，如果下班後，沒辦法利用傍晚時間進行副業，也許可以利用週末，或是不需要上班的星期五晚上。

我跳槽到迪士尼時，當時本想繼續在 Brunch 網站上寫作，但由於要重新適應環境，平日實在難抽時間寫文章。

於是，我將寫作時間改為每週五下午四點。到了那個時間點，我就帶著替一週做結尾、迎接週末的心情寫文章。盡量不做不必要的事，把精力集中在重要事情上，重新分配時間，就能減少因時間不足帶來的困擾。

- **因副業變得不那麼有趣，所以執行順序被擠到後面。**

「可以做，也可以不做」，既是副業優點，也是缺點。就算放棄了，也不會有太大打擊。

這時，就要打造如果不執行副業就會有所損失的環境。以前做 Airbnb 時，因投入的金額不小，每個月有固定支出的貸款，不得不行動。離職也是如此，如果不勤加準備，很可能就錯失調薪的大好機會。打造不得不做的環境，它自然就成了你的第一順位。

藉口四：其他人會用負面角度看待這件事情

假設你的副業是當 YouTuber。當你上傳了幾部影片，戰戰兢兢期待訂閱者的反應時，公司同事跟你說：「我看過你的影片，很有趣。」因為這是一個意想不到的回應，你可能會感到尷尬，並對此產生懷疑。

又例如，你初學吉他，女友請你秀一段。雖然你已經盡力，但身為新手難免接連出錯，尷尬不已。抑或是為了擁有健康的身體，所以你去健身房繳費成為會員。在健身房中，周圍的人身材都很好，相形之下自己的身材遠不如人，覺得大家好像都在嘲笑你。

有一個很有趣的事實——所有人都會歷經新手時期。知名 YouTuber、網紅，他們也都是從零訂閱者開始的。即使是世上吉他彈得最好的吉他手，也是從和弦開始學。而擁有雕像般身材的人，一定也有過連一下單槓都上不去的時期。

即使現在我的實力讓我感到羞愧，但只要想到那些高手也曾有過新手時期，我就覺得總有一天我也可以變成高手。而且，如果達到一定水準以上，就有能力幫助初學者，並因此感到自豪。

當我開始 CrossFit（編按：一種高強度的訓練方式，將舉重、蹲下、跳躍、伸展等日常動作加以變化，並加上重量、速度進行鍛鍊）時，接受很多人的幫忙，也讓我意識到一些事情。因為大多數人的身材都很好，所以和他們一起運動時，我對自己的身材和體力感到不好意思。但在訓練過程中，大家會互相激勵，使我更有動力。即便我覺得高手應該會嘲笑我現在的實力，但其實他們都很願意替新手加油，期待你越變越好。

每個人都會經歷失敗。即使你嘗試和挑戰，最終選擇中途放棄，你也不是唯一一個半途而廢的人。美國前總統歐巴馬（Obama）也曾嘗試戒菸，但多次失敗，最終在二〇一三年成功戒菸。每當找失敗時，我也會輪流找之前介紹過的藉口。我想學專業攝影，並出版一本寫真集，卻沒能做到，至今也仍在努力讓運動變成一輩子的習慣。

每個人都可能失敗，但如果可以從中學習，就不會止步於失敗。能分析每回失敗的藉口，就可以得知自己最常用什麼類型的話搪塞過去。每當自己又靠近失敗門檻，就能再次好好穩住決心。

事情發生後，如何處理很重要，但預先準備可能出現的變數或藉口，提前計畫好，也是一種好方法。人人都想輕鬆改變，想運動一週就成為猛男、辣妹，偶爾保養一下皮膚，就擁有天生麗質的美肌。

小小的努力只會帶來不痛不癢的變化。想讓生命出現戲劇性變革，通常得花費不小的努力，過程中，也會伴隨著許多失敗。然而，如果你已經將副業作為你想做的事，那就停止找藉口，並持續嘗試。某一天，它就會成為你生命的一部分，你就會達到想要的目標。

5 撐過前三十天，天下無難事

想讓副業成為人生一部分，需要多久時間？專家們認為，只要持續六十六天，就能變成習慣。六十六天是平均天數，有些人只花兩週就能讓它深植於生活中，而有些人卻要花上一年。要將習慣完全變成自己的東西，依據種類、個人情況、環境及條件不同，所需的時間也不一樣。

如果你選定要做某個副業，那就不要多想，先做個三十天，之後再來回顧：

- 這個副業值得做下去嗎？
- 三十天下來，分配給副業的時間是否適當？
- 副業有趣嗎？適合我嗎？

我的目標是「打造健康身體」，所以我決定慢跑三十天，要是發現結果和我想的不一樣，這件事不適合我，那算失敗嗎？

慢跑的計畫可以看作是失敗了，但從中還是可以學到一些東西的。如果你認為慢跑不適合，你可以用其他運動項目替代。你所要做的就是修改成適合你的方法就可以了。

「我認為這不適合我」，不能當成「我做不到，因為太難了」的藉口。既然下定決心要這樣做，就要盡力做到最好。若只是點到為止，沒有資格說適不適合我。只有努力做過的人，才有資格判斷。

1. 把堅持三十天作為第一個目標

第一次接受一對一健身課程時，教練請我先從輕量、非常簡單的運動開始做起。這是一種策略，並不是要立即做到大變化，而是為了培養運動習慣。有了好習慣後，很自然就會有所改變。

同理，開啟副業的第一個三十天，先把目標放在簡單的事情上。「每天念三小時英文」，對剛起步的人是很難。我建議，把目標轉換為「每天讀三十分鐘或一小時英文」，並在前三十天堅持下去。三十天並不是為了要做出重大改變的時間，而是專注於每天完成它。

持續三十天後，你對自己的信心就會增強，因為你會想：「我能做到，因為我嘗試過」、「我也能做到」，獲得信心後，即使需要時間，你最終也能實現目標。如果你撐過了三十天，也請為接下來的三十天做好規畫。在不知不覺中，沒有副業的日常生活會讓你感覺非常空虛。

2. 決定時間和次數，記錄在追蹤表格上

當我早上醒來時，我會刷牙。早上刷牙有什麼原因嗎？並不是因為有什麼特別的原因，而是因為我每天早上都堅持在這個時間刷牙。無論前一天工作中發生了什麼不好的事情，還是與伴侶發生爭執，每天早上都會刷牙。同一時間做同樣的事對堅持有正面的影響。在計畫時間時，請考慮兩件事：「多常做？」、「何時做？」

首先，可以以一週為單位，決定每天要做什麼。至於，何時做，可以從早上、下午、晚上三個時段中，挑選最適合自己的時間計畫即可。

我的朋友中，有人不僅在行事曆上標示副業的時間，甚至還在手機上設了鬧

鐘。行事曆可以視而不見，但手機鬧鐘必須親自關，比較難忽視。

我個人則是一直在晚上八點從事副業。下班後又要坐在書桌前，雖然身心都很疲憊，但要做的事卻非常具體且明確，我感覺自己的頭腦又清醒了。在學習時，我設定了一個具體且可操作的目標「我今天應該完成第十頁到二十頁」，而不是「我應該開始學習」，所以在做完該做的事後，我會感到欣慰。

「多常做？何時做？」決定好了以後，可以利用追蹤表格。表格不需要設計得太複雜，只要在一張紙上畫好格子與日期，並在達成的日期上標圓圈，或貼貼紙即可。

貼在冰箱門上、書桌旁、房門上等常見的地方，每次做記號時，都會覺得很得意。看著上面的記號越來越多，也感覺距離目標越來越近。

3. 設計一個獎勵系統

內在獎勵是你自己感受到的獎勵。當你在運動後，看見身材越來越好，就會感到自豪。外在獎勵則是來自於他人或外部。例如，在公司執行的專案創造了好成績而拿到績效獎金，或是被其他人稱讚身材變好了等。

獎勵是在經過一段時間後所賦予的。內在獎勵至少得經過一個月，外在獎勵可能需要花上更長時間，並不能任意指定獲得獎勵的時間。

進行副業的過程中，建立獎勵系統對達成目標很有效。可以用表格等方式呈現，每當做到三〇％、六〇％、一〇〇％，犒賞自己吃頓好吃的，讓自己開心。設計專屬獎勵系統，享受進行的過程吧！

4. 預防產生變數的情況

即使有適當的規畫，中途也可能發生變數。可能是心情不好，也可能是發生意想不到的事。但你不必因副業被其他優先事情擠到後面而感到挫折。

可以留一些空間，預防這種情況發生。例如，下定決心一週內要進行四次副業活動，其中一天就是用來彌補不足之處，或是加強某些部分，抑或是每個月留一至兩天補足缺漏。

如果沒有變數產生，卻經常無法按表操課，那就得重新檢視計畫表。透過定期的回饋來檢查「自己是否能夠堅持最初制定的計畫？」、「是否制定了不合理的計畫並希望得到結果？」此外，也要確認執行的時候，有遭遇什麼阻礙、有何幫助等。

我可以保證，事情絕對不會照你所想的走。照計畫進行並不重要，重要的是，你為了遵守計畫付出的努力。計畫必須滾動式調整，慢慢向前邁步。如果每次事情不如你意時，你都只感到沮喪而不做修正，最終可能導致就此放棄。當面臨困難時，你只需要想「這很自然」，然後修正、改進即可。

總之，先從三十天做起！在這段期間內，這個副業最重要。訂定好時間計畫，具體寫下要做什麼事！開始執行時，可以預設好幾個鬧鐘，並把追蹤表格貼在常看到的地方，只要撐過三十天，就不會太難。之後，三十天就會變成六十天，六十天就會變成九十天，最終一定能達成目標。

6

想像你的成功，然後實現它

我們之所以感到沮喪，是因為我們的學習只能夠在考試中得到八十分，而我們期望能得到一百分。你希望得到比你付出的更好的成績，但世界的規律是，如果你只學習到八十分，拿到八十分或更低的分數，才是人生常理。

如果你仔細觀察那些似乎從未經歷過一次失敗的人的生活，你會發現這是一個成功和失敗的循環。

《哈利波特》（*Harry Potter*）的作家J．K．羅琳（J. K. Rowling）投稿時，曾被出版社拒絕過十二次。脫口秀女王歐普拉（Oprah Gail Winfrey）在第一份工作一年後，因為外貌被解僱了。她回想起當時，表示：「我不知道為什麼我必須經歷這一切。但那是我一生中成長最快的時期。這震撼了我的內心。」

每個人都有工作順利和不順利的時候。重要的是，你有能力控制這種情況，並使之變得更好。

我有一位很要好的同事，成功跳槽到另一家公司，拿到比前一份工作高二〇%的薪水。好久不見的朋友，透過研究不動產拍賣，最近買了房子。我還聽說，我的一位大學同學白天上班，晚上表演爵士吉他。

人們很羨慕靠副業做出一番成果的人，因為我們看不到他們努力和失敗的過程，覺得好像輕輕鬆鬆就能加薪、賺錢，以及實現長久以來的夢想。

但不要忘了，他們為了讓自己有資格獲得好成果，也付出了許多心力。如同我現在努力朝目標邁進，其他人一定也走過上坡與下坡，撐到最後才獲得如今的成績。這本書的最後，我想要給從事副業的各位加油打氣。

相信自己！

這句話或許很老套，但因理論和實踐不同，大部分人都不願意相信自己。而人的行動取決於信念。舉例來說，如果你相信自己可以深蹲八十公斤十下，那份信念將帶給你額外力量，幫助你真正做到。如果你想藉由副業獲得額外收入，你必須相信總有一天帳戶裡會累積相當的金額。

過往的成功經驗會提升自信心。回想成功經歷，將會重新擁有將專案推動到最後的力量！即使只有一次，只要你成功推行，下次要成功就會簡單許多。

和自己狀況類似的人聊天也是個好方法，你可以藉由他們的故事理解到，達成目標並沒有想像中的困難，也不必有多了不起的能力和努力。明白自己沒有理由做不到時，就會明白其他人做到的事，自己也做得到。

想像成功推動副業的自己！

首先，先思考自己想經由副業獲得哪些東西。

你能確認你會變得比現在更好嗎？執行副業的過程中，有沒有可能遭遇阻礙？有什麼可能會妨礙副業？如果你的時間不多、精力耗盡了，或是面臨外界的干擾，制定一個計畫來處理這些情況。其中包括如何有效的利用給定的時間，為解決時間不足的問題做好準備，或創造一個可以集中精力的環境，以盡量減少外部干擾。這些想像和計畫將成為推動副業的原動力，成為確認自己有能力帶來人生變化的契機。

下一步，想像你順利進行專案，或自己每天成功實踐的樣子。執行時，你感覺到什麼？周遭人的反應如何？你會獲得怎樣的報酬？如果你詳細的想像你過去的成功經歷，你就可以以積極的心態對待未來的副業。

最後，希望各位想想，結束副業後，自己會有什麼改變？你將朝哪個方向帥氣變身？

據說，F1賽車手在比賽前會進行意象訓練（Imagery Training），想像自己馳騁在賽道的樣子。把進入每一段賽道時所需的角度、剎車壓力，以及脫離彎道的策略等先想好，為賽事做足準備，這種訓練對實際比賽非常有幫助。此原理同樣適用人生的其他方面。想像得很龐大，就能做到大改變，想像得微小，就會帶來細微變化。想像力影響我們的行為與決定，它可以導致現實世界的改變。

準備好開啟副業了嗎？準備好闖上這本書去行動了嗎？動起來才是關鍵。我不想說「你不夠努力」，只是當你足夠努力，世界也會助你一臂之力。環境、努力、成就、目標、周圍的人等條件，都會同時符合天時地利人和，令你感到切身的喜悅。無論是什麼形態的改變，一定都會影響你的未來。

如果你認為要準備好所有事情再做，那你絕不可能開始。重要的是，先做再說。我會為你的開始加油打氣，希望這將是帶來巨大變化的起始點。

後記
無法持之以恆，使我更有機會追求人生

小時候，我是一個無法專注在一件事情上的孩子。學了一點跆拳道後，就想改學合氣道，過一陣子之後又嫌不有趣，吵著要父母讓我上武術補習班。爸媽也很擔心我，怎麼總是無法持之以恆，一下子就厭煩了。

然而，無法持續做下去的特質，卻反倒成了我追求人生想做的事的機會。雖然專注在一件事情上，並且深入了解學習，很值得敬佩，但對我而言，追求多樣性的人生態度更適合我。

人生沒有對錯，每個人都有不同的個性和感興趣的議題，這些都應該尊重。重要的是，理解自己的個性，配合個性生活。

我希望透過多采多姿的經驗，豐富人生。進行副業、學到新知識，讓我很開心。大家稱我為「興趣富翁」，而我也因涉獵多項領域的關係，被人稱讚博學多聞。過去十年內，我也陸續搬到美西、美東等四個城市，現在則住在瑞士。大部分是因換公司而搬家，但新環境的挑戰帶給我的期待遠勝於害怕。

我從小的個性引領我來到這麼多樣的居住地，和歷經各式各樣的經驗。各種經驗和興趣，皆在無意識中產生作用，大家不妨也回顧一下，每次人生中做出重大決定時，影響你的無意識為何？

回顧過往，是什麼讓你做出決定？跟著無意識的潮流走，就能知道自己喜歡什麼，也會明白被喜歡的事物吸引所做的選擇，因而造就現在的自我。

《大學》第七章裡有一段話：「心不在焉，視而不見，聽而不聞，食而不知其味。」（編譯：沒有心，就算看到了也看不進去，聽見了也聽不進去，吃了也不知道是什麼滋味。）

換句話說，若沒有心，就算在眼前也會視而不見。每個人都有所謂的方向。例如，失戀後，就算去看電影，也記不得電影內容；如果你非常想買房，就會發現，平常不曾注意到住家附近有刊登房仲廣告，現在一下子全都冒出來了。

這種定向迫使我們的身體和思想朝那個方向走。而且，我們有意無意的朝著那個方向前進。我不是去開闢一條路，而是回頭看，我意識到這條路已經被開闢了，我就沿著它走下去。

你的方向在哪？我想追求並尊重生活多樣性，因此無法滿足於一項本業。我以平常感興趣的主題來做副業，那些時光也造就了我。希望各位可以找尋自己的方向，如此一來，就能引領生命向前邁進。

生命就像坐船出航。手持名為「方向」的舵前往想去的方向，途中可能偶爾會碰到風浪等難關，不得不繞道而行，但只要繼續堅持，就算不完全是正確位置，一定也能到達那附近。

希望大家都能在美麗的海邊，享受溫暖的陽光洗禮，過著幸福、開心的生活，也謝謝各位讀到最後一頁。

最後，要感謝一起陪我完成本書的編輯，以及在寫作過程中，給予我眾多靈感與回饋的妻子。期待諸位的未來能透過副業有所改變。

參考文獻

1. https://medium.com/the-year-of-the-looking-glass/how-to-think-about-yourcareer-abf5300eba08。
2. https://www.mindtools.com/aznjntj/mcclellands-human-motivation-theory。
3. https://www.youtube.com/watch?v=67Vp7fTgQ3g。
4. https://www.verywellmind.com/classical-vs-operant-conditioning-2794861#:~:text=Classical%20conditioning%20involves%20associating%20an,conditioning%20involves%20no%20such%20enticements。
5. https://www.healthline.com/health/the-science-of-habit#1。
6. https://psychologycompass.com/blog/reaching-goals。

國家圖書館出版品預行編目（CIP）資料

決定未來的晚八點：決定你身價的，不是上班時間，而是下班後的晚八點。我如何把謀生必須做的事，轉變成內心渴望做的事。／韓承憲著；郭佳樺譯. -- 初版. -- 臺北市：大是文化有限公司，2025.2
208 面；14.8×21 公分. --（Think；282）
譯自：미래는 저녁 8시에 결정된다
ISBN 978-626-7448-77-9（平裝）

1. CST：成功法　2. CST：自我實現
3. CST：生活指導

177.2　　113007604

Think 282

決定未來的晚八點

決定你身價的，不是上班時間，而是下班後的晚八點。
我如何把謀生必須做的事，轉變成內心渴望做的事。

作　　者／韓承憲
譯　　者／郭佳樺
責任編輯／陳映融
校對編輯／林渝晴
副 主 編／蕭麗娟
副總編輯／顏惠君
總 編 輯／吳依瑋
發 行 人／徐仲秋
會計部｜主辦會計／許鳳雪、助理／李秀娟
版權部｜經理／郝麗珍、主任／劉宗德
行銷業務部｜業務經理／留婉茹、專員／馬絮盈、助理／連玉
行銷企劃／黃于晴、美術設計／林祐豐
行銷、業務與網路書店總監／林裕安
總 經 理／陳絜吾

出 版 者／大是文化有限公司
臺北市 100 衡陽路 7 號 8 樓
編輯部電話：（02）23757911
購書相關資訊請洽：（02）23757911 分機 122
24小時讀者服務傳真：（02）23756999
讀者服務 E-mail：dscsms28@gmail.com
郵政劃撥帳號：19983366　戶名：大是文化有限公司

香港發行／豐達出版發行有限公司 Rich Publishing & Distribution Ltd
地址：香港柴灣永泰道 70 號柴灣工業城第 2 期 1805 室
Unit 1805, Ph. 2, Chai Wan Ind City, 70 Wing Tai Rd, Chai Wan, Hong Kong
電話：21726513　傳真：21724355
E-mail：cary@subseasy.com.hk

封面設計／林雯瑛
內頁排版／顏麟驊
印　　刷／韋懋實業有限公司
出版日期／2025 年 2 月初版
定　　價／新臺幣 399 元（缺頁或裝訂錯誤的書，請寄回更換）
I S B N／978-626-7448-77-9
電子書ISBN／9786267448731（PDF）
9786267448748（EPUB）